法律法规大字实用版系列

中华人民共和国
合伙企业法

·大字实用版·

法律出版社法规中心 编

法律出版社
LAW PRESS·CHINA
北京

图书在版编目（CIP）数据

中华人民共和国合伙企业法：大字实用版 / 法律出版社法规中心编. -- 北京：法律出版社，2023
（法律法规大字实用版系列）
ISBN 978 - 7 - 5197 - 7896 - 5

Ⅰ. ①中… Ⅱ. ①法… Ⅲ. ①合营企业—企业法—中国 Ⅳ. ①D922.291.91

中国国家版本馆 CIP 数据核字（2023）第 092241 号

中华人民共和国合伙企业法（大字实用版）
ZHONGHUA RENMIN GONGHEGUO HEHUO QIYEFA (DAZI SHIYONGBAN)

法律出版社法规中心 编

责任编辑 董 昱
装帧设计 汪奇峰

出版发行 法律出版社
编辑统筹 法规出版分社
责任校对 张红蕊
责任印制 耿润瑜
经　　销 新华书店

开本 A5
印张 4.125　**字数** 100 千
版本 2023 年 6 月第 1 版
印次 2023 年 6 月第 1 次印刷
印刷 涿州市星河印刷有限公司

地址：北京市丰台区莲花池西里 7 号（100073）
网址：www.lawpress.com.cn
投稿邮箱：info@lawpress.com.cn
举报盗版邮箱：jbwq@lawpress.com.cn

销售电话：010 - 83938349
客服电话：010 - 83938350
咨询电话：010 - 63939796

书号：ISBN 978 - 7 - 5197 - 7896 - 5
定价：18.00 元

凡购买本社图书，如有印装错误，我社负责退换。电话：010 - 83938349

编辑出版说明

“法者，天下之准绳也。”在法治社会，人们与其生活的社会发生的所有关系，莫不以法律为纽带和桥梁。人与人之间即是各种法律关系的总和。为帮助广大读者学法、知法、守法、用法，我们组织专业力量精心编写了“法律法规大字实用版系列”丛书。本丛书具有以下特点：

1. 专业。出版机构专业：成立于1954年的法律出版社，是全国首家法律专业出版机构，有专业的法律编辑队伍和标准的法律文本资源。内容专业：书中的名词解释、实用问答理据权威、精准专业；典型案例均来自最高人民法院、最高人民检察院发布的指导案例、典型案例以及地方法院发布的经典案例，在实践中起到指引法官“同案同判”的作用，具有很强的参考性。

2. 全面。全书以主体法为编写主线，在法条下辅之以条文主旨、名词解释、实用问答、典型案例，囊括了该条的标准理论阐释和疑难实务问题，帮助读者全面构建该条的立体化知识体系。

3. 实用。实用问答模块以一问一答的方式解答实务中的疑难问题，读者可按图索骥获取解决实务问题的答案；典型案例模块精选与条文密切相关的经典案例，在书中呈现裁判要旨，读者可按需扫描案例二维码获取案例全文。

4. 易读。采用大字排版、双色印刷，易读不累，清晰疏朗，提升了阅读体验感；波浪线标注条文重点，帮助读者精准捕捉条文要义。书末辅之以关联法规的二维码电子附件，获取方便，阅读便捷。

书中可能尚存讹误，不当之处，尚祈读者批评指正。

法律出版社法规中心

2023年6月

目　录

中华人民共和国合伙企业法

第一章　总则 …… 002
第一条　立法目的 …… 002
第二条　合伙企业的定义、基本形式及其本质特征 …… 002
第三条　哪些主体不得成为普通合伙人 …… 004
第四条　合伙协议的实质要件和形式要件 …… 006
第五条　订立合伙协议、设立合伙企业应遵循的原则 …… 008
第六条　合伙企业如何缴纳所得税 …… 008
第七条　合伙企业应当履行的法定义务 …… 008
第八条　合伙企业及其合伙人的利益受法律保护 …… 009
第九条　合伙企业设立登记及应当提交的文件 …… 009
第十条　企业登记机关审核合伙企业设立登记程序 …… 012
第十一条　合伙企业成立日期 …… 013
第十二条　合伙企业设立分支机构应申请登记 …… 013
第十三条　合伙企业登记事项变更须履行变更登记手续 …… 013
第二章　普通合伙企业 …… 016
第一节　合伙企业设立 …… 016
第十四条　合伙企业设立条件 …… 016

第十五条 合伙企业名称中应当标明“普通合伙”字样 …… 018
第十六条 出资方式 …… 019
第十七条 合伙人如何履行出资义务 …… 020
第十八条 合伙协议应当载明的事项 …… 020
第十九条 合伙协议效力和未约定事项、修改及补充合伙协议 …… 022
第二节 合伙企业财产 …… 023
第二十条 合伙企业财产的范围 …… 023
第二十一条 禁止清算前分割合伙企业财产 …… 023
第二十二条 合伙财产份额的转让 …… 026
第二十三条 其他合伙人的优先购买权 …… 027
第二十四条 合伙人以外的人依法成为合伙企业的新合伙人 …… 028
第二十五条 合伙财产份额的出质 …… 028
第三节 合伙事务执行 …… 029
第二十六条 同等执行权利及委托执行 …… 029
第二十七条 监督执行的权利 …… 031
第二十八条 执行事务合伙人的报告义务、其行为所产生的收益归属与亏损承担及不执行事务合伙人对企业的知情权 …… 031
第二十九条 合伙人对其他合伙人执行事务的异议权和撤销权 …… 033
第三十条 合伙企业的表决方法 …… 035
第三十一条 应当经全体合伙人一致同意的合伙企业事项 …… 035
第三十二条 合伙人的禁止经营行为 …… 036
第三十三条 合伙企业的利润分配与亏损分担 …… 039

第三十四条　合伙人增加或减少对合伙企业的出资 …… 041
第三十五条　合伙企业聘任经营管理人员 …… 043
第三十六条　合伙企业财务、会计制度 …… 044
第四节　合伙企业与第三人关系 …… 045
第三十七条　保护善意第三人 …… 045
第三十八条　合伙企业清偿债务的原则 …… 046
第三十九条　合伙人的无限连带责任 …… 047
第四十条　合伙人承担无限连带责任超过应承担比例后有权向其他合伙人追偿 …… 049
第四十一条　合伙人发生与合伙企业无关的债务，相关债权人不得行使抵销权和代位权 …… 050
第四十二条　合伙人自身债务的清偿及对合伙人财产份额的强制执行 …… 052
第五节　入伙、退伙 …… 053
第四十三条　新合伙人入伙 …… 053
第四十四条　新合伙人的权利义务 …… 055
第四十五条　合伙协议约定合伙期限时合伙人自愿退伙情形 …… 056
第四十六条　合伙协议未约定合伙期限时合伙人自愿退伙情形 …… 057
第四十七条　对合伙人违反法律规定退伙的处理 …… 058
第四十八条　法定退伙情形 …… 058
第四十九条　除名退伙 …… 061
第五十条　合伙人死亡或者被宣告死亡后其财产份额的处理 …… 063
第五十一条　退伙结算 …… 066

第五十二条　财产份额退还办法 …………………… 069

第五十三条　退伙人分担合伙企业债务 …………… 069

第五十四条　退伙人分担合伙企业亏损 …………… 070

第六节　特殊的普通合伙企业 ………………………… 071

第五十五条　特殊的普通合伙企业的定义、适用范围及适用法律 ………………………………… 071

第五十六条　特殊的普通合伙企业名称 …………… 071

第五十七条　特殊的普通合伙企业合伙人责任 …… 072

第五十八条　因故意或重大过失引起合伙企业债务的合伙人按照合伙协议的约定，对由此给合伙企业造成的损失承担赔偿责任 ……………… 073

第五十九条　特殊的普通合伙企业替代赔偿措施 … 073

第三章　有限合伙企业 ……………………………… 074

第六十条　有限合伙企业及其合伙人适用的法律 … 074

第六十一条　有限合伙企业合伙人人数 …………… 074

第六十二条　有限合伙企业名称 …………………… 075

第六十三条　有限合伙企业合伙协议的特别规定 … 075

第六十四条　有限合伙人的出资形式 ……………… 075

第六十五条　有限合伙人应当按期缴纳出资 ……… 076

第六十六条　有限合伙企业登记事项 ……………… 077

第六十七条　有限合伙企业事务的执行 …………… 078

第六十八条　有限合伙人不执行合伙事务 ………… 078

第六十九条　有限合伙企业利润分配的特别规定 … 080

第七十条　有限合伙人可以同本企业进行交易 …… 080

第七十一条　允许有限合伙人同业竞争 …………… 081

第七十二条　有限合伙人可以出质其财产份额 …… 082

第七十三条　有限合伙人向合伙人以外的人转让财产份额…… 084
第七十四条　有限合伙人的自有财产不足清偿个人债务时，以其从合伙企业中分取的收益或者以其在合伙企业中的财产份额清偿 …………… 084
第七十五条　有限合伙企业解散及类型变通 ………………… 085
第七十六条　有限合伙人在特定情况下对合伙企业债务承担无限连带责任 …………………………… 085
第七十七条　新入伙的有限合伙人的责任承担 ……………… 087
第七十八条　有限合伙人法定退伙 ……………………… 087
第七十九条　自然人有限合伙人丧失民事行为能力，其他合伙人不得要求其退伙 ……………………… 088
第八十条　有限合伙人死亡、被依法宣告死亡或者终止时，有限合伙人资格的继承 ………………… 090
第八十一条　有限合伙人退伙后的责任承担 ………………… 090
第八十二条　普通合伙人与有限合伙人相互转变程序 …… 092
第八十三条　有限合伙人转变为普通合伙人后责任承担的变化 ………………………………………… 092
第八十四条　普通合伙人转变为有限合伙人后的责任承担…… 093
第四章　合伙企业解散、清算 ………………………………… 095
第八十五条　合伙企业的解散情形 ……………………… 095
第八十六条　合伙企业解散时如何确定清算人 …………… 097
第八十七条　合伙企业清算人的职责 ……………………… 098
第八十八条　合伙企业债权申报程序 ……………………… 099
第八十九条　合伙企业剩余财产的分配 …………………… 101
第九十条　合伙企业解散后编制清算报告和办理注销登记…… 104
第九十一条　企业注销后原普通合伙人的责任 …………… 105

第九十二条　合伙企业不能清偿到期债务时债权人权利和合伙企业依法被宣告破产时普通合伙人责任 …………………………………… 107
第五章　法律责任 …………………………………… 109
第九十三条　提交虚假文件或采取其他欺骗手段取得企业登记应承担的法律责任 …………… 109
第九十四条　合伙企业未在其名称中标明组织形式应承担的法律责任 …………………… 111
第九十五条　合伙企业或者合伙企业的分支机构无照经营、合伙企业未依法办理变更登记应承担的法律责任 ……………………… 111
第九十六条　执行合伙事务的合伙人以及合伙企业从业人员将应当归合伙企业的利益据为己有或者采取其他手段侵占合伙企业财产应承担的法律责任 ……………………… 112
第九十七条　合伙人擅自处理合伙事务，给合伙企业或者其他合伙人造成损失应承担的法律责任…… 114
第九十八条　不具有事务执行权的合伙人擅自执行合伙事务，给合伙企业或者其他合伙人造成损失应承担的法律责任 ……………… 115
第九十九条　合伙人违反《中华人民共和国合伙企业法》规定或者合伙协议的约定，从事与本合伙企业相竞争的业务或者与本合伙企业进行交易应承担的法律责任 …………… 115
第一百条　清算人未依法向企业登记机关提交清算报告应承担的法律责任 …………………… 115

第一百零一条　清算人牟取非法收入或侵占合伙企业财产的赔偿责任 …………………………………… 115
第一百零二条　清算人损害债权人利益的赔偿责任 ……… 116
第一百零三条　合伙人的违约责任及合伙人履行合伙协议发生争议的解决方式 ……………………… 116
第一百零四条　行政管理人员的行政责任 ……………… 117
第一百零五条　刑事责任 ………………………………… 117
第一百零六条　民事赔偿优先原则 ……………………… 119
第六章　附则 …………………………………………… 120
第一百零七条　非企业专业服务机构适用本法 ………… 120
第一百零八条　外国企业或个人在中国设立合伙企业的管理办法 ………………………………… 121
第一百零九条　施行日期 ………………………………… 121

附录　相关法律法规索引 ……………………………… 122
中华人民共和国民法典（节录）（2020. 5. 28）
中华人民共和国企业破产法（2006. 8. 27）
中华人民共和国中小企业促进法（2017. 9. 1 修订）
中华人民共和国市场主体登记管理条例（2021. 7. 27）
中华人民共和国市场主体登记管理条例实施细则（2022. 3. 1）
企业名称登记管理规定（2020. 12. 14 修订）
企业经营异常名录管理暂行办法（2014. 8. 19）
有限合伙企业国有权益登记暂行规定（2020. 1. 3）
最高人民法院关于适用《中华人民共和国企业破产法》若干问题的规定（一）（2011. 9. 9）
最高人民法院关于适用《中华人民共和国企业破产法》若干问题

的规定（二）（2020. 12. 23 修正）
最高人民法院关于适用《中华人民共和国企业破产法》若干问题的规定（三）（2020. 12. 23 修正）

中华人民共和国合伙企业法

1997年2月23日第八届全国人民代表大会常务委员会第二十四次会议通过

2006年8月27日第十届全国人民代表大会常务委员会第二十三次会议修订

第一章　总　　则

◆ 第一条　立法目的*

为了规范合伙企业的行为，保护合伙企业及其合伙人、债权人的合法权益，维护社会经济秩序，促进社会主义市场经济的发展，制定本法。

◆ 第二条　合伙企业的定义、基本形式及其本质特征

本法所称合伙企业，是指自然人、法人和其他组织依照本法在中国境内设立的普通合伙企业和有限合伙企业。

普通合伙企业由普通合伙人组成，合伙人对合伙企业债务承担无限连带责任。本法对普通合伙人承担责任的形式有特别规定的，从其规定。

有限合伙企业由普通合伙人和有限合伙人组成，普通合伙人对合伙企业债务承担无限连带责任，有限合伙人以其认缴的出资额为限对合伙企业债务承担责任。

名词解释

合伙企业，是指在中国境内设立的、由合伙人订立合伙协议，

* 条文主旨为编者所加，下同。

并依据合伙协议共同出资、共担风险、共享经营收益，对合伙企业债务依照《中华人民共和国合伙企业法》规定承担责任的经营性组织。合伙企业以合伙协议为基础。合伙人根据合伙协议组成的长期从事经营活动的组织即为合伙企业。

无限连带责任，包括两层含义，一是指合伙企业的普通合伙人对合伙企业的债务承担无限责任，即当合伙企业的全部资产不能清偿其债务时，各合伙人须以自身的财产对合伙企业的债务承担无限责任。合伙人是法人的，应以其法人的财产承担无限责任。由于我国目前尚没有个人破产制度，因此个人合伙人承担无限责任，应当保留个人生活必需的财产。二是指普通合伙人之间对合伙企业债务承担连带责任。当合伙企业全部资产不能清偿其债务时，债权人可以向任何一个普通合伙人主张权利。普通合伙人不得以其出资份额大小、已超过合伙协议约定的分担亏损比例承担责任等任何理由予以拒绝。合伙人在承担了合伙企业债务后，有权根据合伙协议的约定向其他合伙人追偿。其他合伙人应当按照合伙协议约定的自己应承担的份额予以偿还。

实用问答

合伙企业的基本形式包括哪些？

答：合伙企业包括普通合伙企业和有限合伙企业两种形式。

普通合伙企业又包括一般普通合伙企业和特殊普通合伙企业。一般普通合伙企业是指由普通合伙人组成，合伙人对合伙企业债务承担无限连带责任的经营性组织。特殊普通合伙企业是指由普通合伙人组成，合伙人对合伙企业债务依照《中华人民共和国合伙企业法》第五十七条的规定原则上承担无限连带责任，在一定条件下可以免除一部分连带责任的专业服务机构。

有限合伙企业是指由普通合伙人和有限合伙人组成，普通合伙人对合伙企业债务承担无限连带责任，有限合伙人以其认缴的出资额为限对合伙企业债务承担责任的经营性组织。

典型案例

唐某与陈某如、韦某花合伙协议纠纷一审民事判决书①

裁判要旨：关于福娃教育中心是否为本案适格被告的问题。根据《中华人民共和国民法通则》对合伙的分类，合伙分为个人合伙与法人合伙，其中，个人合伙被列入公民一章中加以规定，法人合伙被列入法人一章中加以规定。另外，根据《中华人民共和国合伙企业法》的规定，合伙企业是经依法登记并领取营业执照的营利性组织，其合法权益受法律保护，因此，在本案中的合伙企业福娃教育中心在诉讼中享有主体地位，是本案的适格被告。

◆ 第三条　哪些主体不得成为普通合伙人

国有独资公司、国有企业、上市公司以及公益性的事业单位、社会团体不得成为普通合伙人。

名词解释

国有独资公司，是指国家单独出资、由国务院或者地方人民政府授权本级人民政府国有资产监督管理机构履行出资人职责的有限责任公司。

① 广西壮族自治区桂林市临桂区人民法院（2020）桂0312民初4066号。

国有企业，可以理解为包括国有独资企业、国有控股企业和国有控股公司。其概念较宽泛。

上市公司，是指其股票在证券交易所上市交易的股份有限公司。

事业单位，是指国家为了社会公益目的，由国家机关举办或者其他组织利用国有资产举办的，从事教育、科技、文化、卫生等活动的社会服务组织。

社会团体，是指中国公民自愿组成，为实现会员共同意愿，按照其章程开展活动的非营利性社会组织。国家机关以外的组织可以作为单位会员加入社会团体。

实用问答

国有独资公司、国有企业、上市公司、公益性事业单位、社会团体为何不得成为普通合伙人?

答：普通合伙人重要的特征是要对合伙企业的债务承担无限连带责任。国有独资公司、国有企业、上市公司如果成为普通合伙人，就要以其全部财产对合伙债务承担责任。这不利于保护国有资产和上市公司股东的利益。因此，不宜允许其成为普通合伙人。国有独资公司、国有企业、上市公司可以成为有限合伙人，以其出资额为限对合伙企业债务承担责任。

公益性的事业单位、社会团体从事的活动涉及公共利益，其不宜以其自身财产对外承担无限连带责任。因此，也不宜成为对合伙企业债务承担无限连带责任的普通合伙人。他们可以根据实际需要，以有限合伙人的身份参加合伙企业，从事经营活动，对合伙企业以其出资额为限承担责任。①

① 参见全国人大常委会法工委编：《中华人民共和国合伙企业法释义》，法律出版社2006年版。

◆ 第四条　合伙协议的实质要件和形式要件

合伙协议依法由全体合伙人协商一致、以书面形式订立。

名词解释

合伙协议，是作为平等主体的合伙人之间共同订立的设立合伙企业，依法设立、变更、终止合伙人的民事权利义务关系的合同。合伙协议是设立合伙企业的基本依据，对合伙人和合伙企业具有约束力。合伙协议的实质要件是指订立合伙协议必须由全体合伙人协商一致。合伙协议的形式要件是指订立合伙协议必须采用书面形式。

典型案例

雷宇、谭继发合伙协议纠纷二审民事判决书[①]

裁判要旨：根据法律规定，个人合伙是两个以上公民按照协议，各自提供资金、实物、技术等，合伙经营、共同劳动；合伙人应当对出资数额、盈余分配、债务承担、入伙退伙、合伙终止等事项订立书面协议。当事人之间没有书面合伙协议，又未经工商行政管理部门核准登记，但具备合伙的其他条件，又有两个以上无利害关系人证明有口头合伙协议的，人民法院可以认定合伙关系。即通常情况下，认定个人合伙关系需合伙人达成书面合伙协议。只有在特殊的情况下，如果双方当事人之间的关系具备了合伙的其他条件，并且有两个以上无

① 黑龙江省哈尔滨市中级人民法院（2021）黑01民终377号。

利害关系人证明有口头合伙协议，才能认定为合伙关系。由于在无书面合伙协议的情况下，对个人合伙关系的认定对双方当事人在权利义务上的确定有重大影响，一旦认定个人合伙关系成立，也就意味着主张合伙关系成立的当事人取得了合伙人的地位，可以对合伙事务享有处理权，对合伙财产享有结算、分配等权利。本案中，谭继发主张其与雷宇系口头合伙关系，谭继发提供了一位证人出庭作证证实谭继发与雷宇之间是合伙关系，但该证人只是陈述雷宇与谭继发合伙干华电物流工程的活；伊汉通工程是在吃饭的时候听雷宇说的。2020 年 11 月 29 日，谭继发给法院出具一份合伙承揽三个项目的工程情况说明。在该情况说明中，谭继发对第二个工程（伊汉通工程）陈述，其对雷宇说“这个项目不能跟你合伙了，我本身没有钱，你找个有钱的主吧”。雷宇说“行，那你辛苦一下，把这个活给我带起来，到时候给你点辛苦钱”。证人的证言与谭继发对第二个工程（伊汉通工程）的自认存在矛盾之处。证人证言对口头合伙协议的具体内容，如两人如何投资，投资比例是多少，如何经营，承担风险及清算、退伙等内容均不知情，且证人与谭继发的委托诉讼代理人系同一法律服务所的法律工作者，双方存在利害关系。证人证言不能达到证明双方具有口头合伙协议的目的，即不能认定双方形成口头合伙关系。在谭继发提交的雷宇的录音证据中，雷宇虽然有双方合伙的意思表示，但录音证据不能单独作为认定案件的依据。从本案查明的事实来看，谭继发虽然在案涉的工程中提供了劳务，但不能因其提供劳务即认定其为合伙人。谭继发的上述事项并不是构成合伙关系的法律要件，谭继发与雷宇既没有合伙协议，双方也不具备构成合伙关系的其他条件，不能认定谭继发与雷宇之间形成了合伙关系。双方不存在合伙关系，则谭继发主张要求分劈合伙期间利润款的诉讼请求，不应支持。

◆ 第五条　订立合伙协议、设立合伙企业应遵循的原则

订立合伙协议、设立合伙企业，应当遵循自愿、平等、公平、诚实信用原则。

◆ 第六条　合伙企业如何缴纳所得税

合伙企业的生产经营所得和其他所得，按照国家有关税收规定，由合伙人分别缴纳所得税。

实用问答

合伙人如何缴纳所得税？

答：合伙人缴纳所得税必须遵守国家有关税收规定。一是根据现行的税收政策，年度终了，合伙企业无论是否向合伙人分配所得，均应按照合伙企业的全部生产经营所得和合伙协议约定的分配比例，确定每个合伙人的应纳税所得额，并缴纳所得税。没有约定分配比例的，以全部生产经营所得和合伙人的平均数量计算每个投资者的应纳税所得额。二是法人合伙人应当就其每一纳税年度的生产经营所得和其他所得按照国家企业所得税的规定缴纳企业所得税；自然人合伙人就其生产经营所得比照个体工商户的生产、经营所得缴纳个人所得税。

◆ 第七条　合伙企业应当履行的法定义务

合伙企业及其合伙人必须遵守法律、行政法规，遵守社会公德、商业道德，承担社会责任。

◆ 第八条　合伙企业及其合伙人的利益受法律保护

合伙企业及其合伙人的合法财产及其权益受法律保护。

名词解释

合伙企业的合法财产，包括合伙人向企业投入的资产以及合伙企业在生产经营过程中取得的各种收益，也包括合伙企业可支配的有关财产。

◆ 第九条　合伙企业设立登记及应当提交的文件

申请设立合伙企业，应当向企业登记机关提交登记申请书、合伙协议书、合伙人身份证明等文件。

合伙企业的经营范围中有属于法律、行政法规规定在登记前须经批准的项目的，该项经营业务应当依法经过批准，并在登记时提交批准文件。

实用问答

1. 合伙企业的登记事项包括哪些？

答：根据《中华人民共和国市场主体登记管理条例》第二条的规定，合伙企业是市场主体。根据《中华人民共和国市场主体登记管理条例》第三条的规定，市场主体应当依照《中华人民共和国市场主体登记管理条例》办理登记。未经登记，不得以市场主体名义从事经营活动。法律、行政法规规定无须办理登记的除外。

根据《中华人民共和国市场主体登记管理条例实施细则》第六条的规定，合伙企业应当依法登记下列事项：名称、类型、经营范围、主要经营场所、出资额、执行事务合伙人名称或者姓名，合伙人名称或者姓名、住所、承担责任方式。执行事务合伙人是法人或者其他组织的，登记事项还应当包括其委派的代表姓名。法律、行政法规规定的其他事项。

2. 合伙企业的哪些事项应当向登记机关办理备案？

答：根据《中华人民共和国市场主体登记管理条例实施细则》第七条的规定，合伙企业应当依法备案下列事项：合伙协议、合伙期限、合伙人认缴或者实际缴付的出资数额、缴付期限和出资方式、登记联络员、外商投资合伙企业法律文件送达接受人。法律、行政法规规定的其他事项。

3. 申请办理合伙企业设立登记，应当提交哪些材料？

答：根据《中华人民共和国市场主体登记管理条例》第二条的规定，合伙企业是市场主体。根据《中华人民共和国市场主体登记管理条例》第十五条的规定，市场主体实行实名登记。根据《中华人民共和国市场主体登记管理条例实施细则》第二十五条的规定，申请办理设立登记，应当提交下列材料：

（1）申请书；

（2）申请人主体资格文件或者自然人身份证明；

（3）住所（主要经营场所、经营场所）相关文件；

（4）公司、非公司企业法人、农民专业合作社（联合社）章程或者合伙企业合伙协议。

根据《中华人民共和国市场主体登记管理条例实施细则》第二十八条的规定，申请设立合伙企业，还应当提交下列材料：

（1）法律、行政法规规定设立特殊的普通合伙企业需要提交合伙人的职业资格文件的，提交相应材料。

（2）全体合伙人决定委托执行事务合伙人的，应当提交全体合伙人的委托书和执行事务合伙人的主体资格文件或者自然人身份证明。执行事务合伙人是法人或者其他组织的，还应当提交其委派代表的委托书和自然人身份证明。

4. 申请查询合伙企业登记管理档案，应当提交哪些材料？

答：根据《中华人民共和国市场主体登记管理条例实施细则》第六十条的规定，申请查询合伙企业登记管理档案，应当按照下列要求提交材料：

（1）公安机关、国家安全机关、检察机关、审判机关、纪检监察机关、审计机关等国家机关进行查询，应当出具本部门公函及查询人员的有效证件；

（2）合伙企业查询自身登记管理档案，应当出具授权委托书及查询人员的有效证件；

（3）律师查询与承办法律事务有关合伙企业登记管理档案，应当出具执业证书、律师事务所证明以及相关承诺书。

除上述规定情形外，省级以上市场监督管理部门可以结合工作实际，依法对档案查询范围以及提交材料作出规定。

典型案例

辜亭静与重庆市铜梁区团林建材厂（普通合伙），重庆市铜梁区团林建材厂一采场合伙合同纠纷一审民事判决书[①]

裁判要旨：《中华人民共和国合伙企业法》第九条第一款规定：

---

① 重庆市铜梁区人民法院（2022）渝0151民初3351号。

“申请设立合伙企业，应当向企业登记机关提交登记申请书、合伙协议书、合伙人身份证明等文件。”第十一条规定：“合伙企业的营业执照签发日期，为合伙企业成立日期。合伙企业领取营业执照前，合伙人不得以合伙企业名义从事合伙业务。”第十二条规定：“合伙企业设立分支机构，应当向分支机构所在地的企业登记机关申请登记，领取营业执照。”第十三条规定：“合伙企业登记事项发生变更的，执行合伙事务的合伙人应当自作出变更决定或者发生变更事由之日起十五日内，向企业登记机关申请办理变更登记。”根据上述规定，成立普通合伙企业及其分支机构必须进行登记，合伙企业登记事项发生变更同样需办理变更登记。本案中，团林建材厂及团林建材厂一采场的登记合伙人中并没有辜亭静，因此辜亭静并非团林建材厂一采场的合伙人。《中华人民共和国民法通则》第三十条规定：“个人合伙是指两个以上公民按照协议，各自提供资金、实物、技术等，合伙经营、共同劳动。”从彭品全、陈果、梁长荣、周建签订的《合伙协议书》及彭品全、梁长荣、陈果、辜亭静签订的《合伙企业入伙协议书》可见，签订协议的各方当事人之间形成的是个人合伙关系，并非合伙企业的合伙人。

◆ 第十条　企业登记机关审核合伙企业设立登记程序

申请人提交的登记申请材料齐全、符合法定形式，企业登记机关能够当场登记的，应予当场登记，发给营业执照。

除前款规定情形外，企业登记机关应当自受理申请之日起二十日内，作出是否登记的决定。予以登记的，发给营业执照；不予登记的，应当给予书面答复，并说明理由。

◆ 第十一条　合伙企业成立日期

合伙企业的营业执照签发日期，为合伙企业成立日期。

合伙企业领取营业执照前，合伙人不得以合伙企业名义从事合伙业务。

◆ 第十二条　合伙企业设立分支机构应申请登记

合伙企业设立分支机构，应当向分支机构所在地的企业登记机关申请登记，领取营业执照。

实用问答

合伙企业分支机构未依照《中华人民共和国合伙企业法》的规定领取营业执照的，如何处罚？

答：根据《中华人民共和国合伙企业法》第九十五条的规定，违反《中华人民共和国合伙企业法》的规定，未领取营业执照，而以合伙企业或者合伙企业分支机构名义从事合伙业务的，由企业登记机关责令停止，处以5000元以上50000元以下的罚款。

◆ 第十三条　合伙企业登记事项变更须履行变更登记手续

合伙企业登记事项发生变更的，执行合伙事务的合伙人应当自作出变更决定或者发生变更事由之日起十五日内，向企业登记机关申请办理变更登记。

实用问答

1. 合伙企业申请办理变更登记，应提交哪些材料？

答：根据《中华人民共和国市场主体登记管理条例实施细则》第三十二条的规定，申请办理变更登记，应当提交申请书，并根据具体变更事项提交下列材料：全体合伙人或者合伙协议约定的人员签署的变更决定书；变更事项涉及修改合伙协议的，应当提交由全体合伙人签署或者合伙协议约定的人员签署修改或者补充的合伙协议。

2. 合伙企业登记事项发生变更时，未依照《中华人民共和国合伙企业法》的规定办理变更登记的，如何处罚？

答：根据《中华人民共和国合伙企业法》第九十五条的规定，合伙企业登记事项发生变更时，未依照《中华人民共和国合伙企业法》的规定办理变更登记的，由企业登记机关责令限期登记；逾期不登记的，处以2000元以上20000元以下的罚款。

合伙企业登记事项发生变更，执行合伙事务的合伙人未按期申请办理变更登记的，应当赔偿由此给合伙企业、其他合伙人或者善意第三人造成的损失。

典型案例

吴品磊与上海旋晓投资管理中心（有限合伙）等请求变更公司登记纠纷一审民事判决书[①]

裁判要旨：依据《中华人民共和国合伙企业法》第十三条的规

① 上海市金山区人民法院（2022）沪0116民初16528号。

定，合伙企业登记事项发生变更的，执行合伙事务的合伙人应当自作出变更决定或者发生变更事由之日起15日内，向企业登记机关申请办理变更登记。本院认为，原告诉讼主张可以成立，理由如下：第一，原告担任旋晓有限合伙执行事务合伙人的委派代表是基于被告熠帆公司的委托，现生效判决已经确认解除原告与熠帆公司之间就旋晓有限合伙执行合伙事务的委托关系，原告担任委派代表的基础已经不存在；第二，两被告经本院依法传唤，无正当理由拒不到庭应诉，应视为其放弃了对原告所主张之事实和证据进行辩驳的权利，由此产生的不利法律后果，应由其自行承担；第三，被告熠帆公司现在处于吊销状态，公司营业期间已经届至，且原告吴品磊已涤除熠帆股东及公司监事身份，原告也难以通过公司或者合伙企业内部的救济手段达到目的。综合考量上述三个方面的事实和理由，为保护原告作为普通公民的合法权益，本院对原告要求被告熠帆公司至相关部门涤除其作为委派代表的登记事项的诉讼请求予以支持。本院在本判决生效后给予被告熠帆公司30日的期间，被告熠帆公司可于该期间内至相关部门申请涤除原告作为委派代表的登记事项，被告旋晓有限合伙应予以配合。

第二章　普通合伙企业

第一节　合伙企业设立

◆ 第十四条　合伙企业设立条件

设立合伙企业，应当具备下列条件：

（一）有二个以上合伙人。合伙人为自然人的，应当具有完全民事行为能力；

（二）有书面合伙协议；

（三）有合伙人认缴或者实际缴付的出资；

（四）有合伙企业的名称和生产经营场所；

（五）法律、行政法规规定的其他条件。

名词解释

民事行为能力，是指行为人以自己的行为行使民事权利、承担民事义务的资格。根据《中华人民共和国民法典》第十八条的规定，成年人为完全民事行为能力人，可以独立实施民事法律行为。16周岁以上的未成年人，以自己的劳动收入为主要生活来源的，视为完全民事行为能力人。

典型案例

郑滢与梁文金、珠海华里网络科技有限公司合伙协议纠纷一案民事一审判决书[①]

裁判要旨：关于本案性质及案由的问题。原告主张其与被告华里公司存在合伙关系，共同出资经营石龙片区基础设施配套工程。被告华里公司、梁文金认为原被告虽签订了投资协议，但实质上是民间借贷关系。原告与被告华里公司签订的《珠海莲洲镇省级示范片区石龙片区基础设施配套工程投资协议书》中仅对原告的投资回报及违约责任等进行了约定，对于原告参与合作项目的义务或承担风险的责任等均无约定。而投资合作的特征是合作人之间共同出资、共同经营、共享收益、共担风险。原告对工程项目不清楚亦不参与管理，不符合合伙经营的特征。原告主张其与被告华里公司存在合伙关系，本院不予采纳。被告华里公司因投资项目缺乏资金，以共同参与项目为由向原告等员工筹措资金，并许诺利润，更贴近于以借款的方式向原告借款，并承诺高额的利息的事实。故本院认为原告与被告华里公司签订的这种“旱涝保收”的《珠海莲洲镇省级示范片区石龙片区基础设施配套工程投资协议书》名为投资，实为借款。应认定双方成立民间借贷法律关系。

① 广东省珠海市斗门区人民法院（2020）粤0403民初3987号。

◆ 第十五条 合伙企业名称中应当标明“普通合伙”字样

合伙企业名称中应当标明“普通合伙”字样。

实用问答

1. 企业名称由什么组成？

答：根据《企业名称登记管理规定》的规定，企业名称由行政区划名称、字号、行业或者经营特点、组织形式组成。跨省、自治区、直辖市经营的企业，其名称可以不含行政区划名称；跨行业综合经营的企业，其名称可以不含行业或者经营特点。

企业名称中的行政区划名称应当是企业所在地的县级以上地方行政区划名称。市辖区名称在企业名称中使用时应当同时冠以其所属的设区的市的行政区划名称。开发区、垦区等区域名称在企业名称中使用时应当与行政区划名称连用，不得单独使用。

企业名称中的字号应当由两个以上汉字组成。县级以上地方行政区划名称、行业或者经营特点不得作为字号，另有含义的除外。

企业名称中的行业或者经营特点应当根据企业的主营业务和国民经济行业分类标准标明。国民经济行业分类标准中没有规定的，可以参照行业习惯或者专业文献等表述。

企业应当根据其组织结构或者责任形式，依法在企业名称中标明组织形式。

2. 企业名称不得出现什么情形？

答：根据《企业名称登记管理规定》第十一条的规定，企业名称不得有下列情形：（1）损害国家尊严或者利益；（2）损害社会公共利益或者妨碍社会公共秩序；（3）使用或者变相使用政党、党政军机关、群团组织名称及其简称、特定称谓和部队番号；（4）使用外国国家（地区）、国际组织名称及其通用简称、特定称谓；（5）含有淫秽、色情、赌博、迷信、恐怖、暴力的内容；（6）含有民族、种族、宗教、性别歧视的内容；（7）违背公序良俗或者可能有其他不良影响；（8）可能使公众受骗或者产生误解；（9）法律、行政法规以及国家规定禁止的其他情形。

◆ 第十六条　出资方式

合伙人可以用货币、实物、知识产权、土地使用权或者其他财产权利出资，也可以用劳务出资。

合伙人以实物、知识产权、土地使用权或者其他财产权利出资，需要评估作价的，可以由全体合伙人协商确定，也可以由全体合伙人委托法定评估机构评估。

合伙人以劳务出资的，其评估办法由全体合伙人协商确定，并在合伙协议中载明。

名词解释

知识产权，是人们的智力劳动成果在法律上产生的一种无形的财产权利，合伙人依法取得的知识产权可用作对合伙企业的出资。主要包括：一是商标权，即权利人对于自己创立的商标经依法注册后，在一定期间内享有的排他性权利。二是专利权，即专利权人对有关发明等经依法申请，并经专利机关核准后，在一定期限内享有的排他性权利，包括发明专利权、实用新型专利权和外观设计专利权。三是著作权（版权），即作者对文学、艺术、科学作品，包括计算机软件等依法享有的署名、发表、出版、获得报酬等权利。四是技术秘密，即技术秘密专有人持有的从事某种生产经营的技术诀窍，应用这种技术诀窍能提升某种产品的质量或使产品形成独特的风格，为企业带来经营效益。如某种名酒的配方、某种烹饪诀窍等。这种技术秘密不被外人所掌握。

根据世界贸易组织《与贸易有关的知识产权协议》的规定，知识产权的范围较为宽泛，还包括商业秘密等，这些权利也可以作为合伙人出资。

◆ 第十七条　合伙人如何履行出资义务

合伙人应当按照合伙协议约定的出资方式、数额和缴付期限，履行出资义务。

以非货币财产出资的，依照法律、行政法规的规定，需要办理财产权转移手续的，应当依法办理。

◆ 第十八条　合伙协议应当载明的事项

合伙协议应当载明下列事项：

（一）合伙企业的名称和主要经营场所的地点；

（二）合伙目的和合伙经营范围；

（三）合伙人的姓名或者名称、住所；

（四）合伙人的出资方式、数额和缴付期限；

（五）利润分配、亏损分担方式；

（六）合伙事务的执行；

（七）入伙与退伙；

（八）争议解决办法；

（九）合伙企业的解散与清算；

（十）违约责任。

名词解释

合伙企业的解散与清算，是指合伙企业无法或不必要继续经营下去，通过一定的程序解散组织，清理财产，偿还债务，分配剩余财产，使企业归于终止。

实用问答

1. 合伙协议在约定企业的解散与清算时，具体需要约定哪些事项?

答: 一是要约定解散事由，如规定合伙企业约定的经营期限届满，合伙意见不能统一又无法通过协商予以解决，合伙目标难以实现等。约定合伙企业解散原因是为了在这些原因出现时，及时对企业进行解散，既减少由此造成的损失，也便于提高解散的工作效率。二是要约定合伙企业解散或破产后对其债权债务的清理清偿事宜，包括清算组如何组成，如何开展工作，合伙人在清算中的权利义务，对于清算财产的估价等，以使清算有效进行，并最大限度地保护债权人、企业本身及各合伙人的利益。

2. 合伙协议如何约定违约责任?

答: 此处的违约责任，指各合伙人在企业设立及经营中不按合伙协议约定履行相关义务所应承担的法律后果。合伙协议如何规定违约责任，应主要由各合伙人根据合伙情况协商确定，一般可能涉及以下内容：一是在出资或协议增资方面，规定合伙人未按时、足额地依协议履行出资义务的，如何承担责任；二是在企业事务执行方面，规定合伙人不履行职责或越权执行事务的如何承担责任；三是在合伙人的法律义务方面，规定合伙人如从事同企业的竞争业务，擅自与企业进行交易，单独或与他人串通损害企业利益的，如何承担责任。对违约行为的处理，主要是要求违约者继续履行义务，承担因违约行为造成的损失，停止或部分停止委托其执行事务的权利，直至予以除名等。

◆ 第十九条 合伙协议效力和未约定事项、修改及补充合伙协议

合伙协议经全体合伙人签名、盖章后生效。合伙人按照合伙协议享有权利，履行义务。

修改或者补充合伙协议，应当经全体合伙人一致同意；但是，合伙协议另有约定的除外。

合伙协议未约定或者约定不明确的事项，由合伙人协商决定；协商不成的，依照本法和其他有关法律、行政法规的规定处理。

典型案例

吴继业与上海大甲企业管理服务中心（有限合伙）其他合伙企业纠纷民事二审案件民事判决书①

裁判要旨：一审法院认为，根据《中华人民共和国合伙企业法》的规定，合伙协议依法由全体合伙人协商一致、以书面形式订立。合伙协议经全体合伙人签名、盖章后生效。案涉决定书和合伙协议是否符合法律规定的无效情形，一审法院分别作如下阐述：对于《合伙企业变更决定书》，因吴继业明确表示其未参加合伙人会议，决定书中的“吴继业”非其本人签名，且上海大甲企业管理服务中心（有限合伙）亦

① 上海市第二中级人民法院（2021）沪02民终9661号。

认可未实际召开合伙人会议；在此情形下，没有合伙人会议的召开，也就没有决定的存在，更谈不上是否具有法律效力，故不具备决定基本成立要件，该决定书当属不成立。对于《上海大甲企业管理服务中心（有限合伙）合伙协议》，合伙协议依法由全体合伙人协商一致，经全体合伙人签名、盖章后生效。现吴继业明确表示该合伙协议中“吴继业”非其本人所签，该事实已由上海市崇明区市场监督管理局委托的相关鉴定机构出具的鉴定意见书予以证实，事实上，吴继业未对该合伙协议作出真实意思表示。根据相关法律规定，未经全体合伙人协商一致的合伙协议应属未成立之协议，尚无确认无效之说。二审中，当事人没有提交新证据。本院经审理查明，一审法院认定的事实无误，本院予以确认。

第二节 合伙企业财产

◆ 第二十条 合伙企业财产的范围

合伙人的出资、以合伙企业名义取得的收益和依法取得的其他财产，均为合伙企业的财产。

◆ 第二十一条 禁止清算前分割合伙企业财产

合伙人在合伙企业清算前，不得请求分割合伙企业的财产；但是，本法另有规定的除外。

合伙人在合伙企业清算前私自转移或者处分合伙企业财产的，合伙企业不得以此对抗善意第三人。

名词解释

善意第三人，在此处，是指对合伙人私自转移或处分财产的行为事先不知道的第三人。第三人如果明知该合伙人的行为属于未授权行为，或者与该合伙人相互串通损害合伙企业或其他合伙人的利益，即不属于善意第三人；则合伙企业不仅可以以此与之相对抗，要求其返还财产或补足差价，而且有权依法追究该第三人的相关责任。

典型案例

武汉市先锋翼隆工贸有限责任公司、余绍国合伙协议纠纷二审民事判决书①

裁判要旨：一审法院关于本案属于股权转让关系还是合伙关系以及“二线”资产能否分割问题的认定：余绍国与真黔猛业公司签订《合作协议》且以“二线”名义借用真黔猛业公司资质生产经营，其本身并未办理工商登记，故二线与真黔猛业公司之间成立挂靠关系。同时，根据《中华人民共和国民法通则》及《最高人民法院关于贯彻执行〈中华人民共和国民法通则〉若干问题的意见（试行）》有关合伙的相关规定，余绍棣、汤兆秀、徐军委（已故）四人进入二线，虽未到工商行政管理部门进行登记，但对各自的持股比例进行了约定，并按比例各自提供了相应的资金，属于二线原始合伙人。先锋翼隆工贸有限责任公司受让余绍棣“二线”15.88%股份、汤兆秀35.12%

① 贵州省黔东南苗族侗族自治州中级人民法院（2021）黔26民终564号。

股份合计51%的股份后属于入伙，成为二线新的合伙人。故通过出资组建二线的余绍棣、汤兆秀、徐军委（已故）四人以及通过受让二线股份参与二线生产经营的先锋翼隆工贸有限责任公司，均属于二线的合伙人，双方之间是合伙关系，不是股东与股东的关系。同时，上述合伙人对二线对外债务即鑫盛公司、梁博华、吴光文债务进行偿还，不能视为对二线财产进行了清算。先锋翼隆工贸有限责任公司请求余绍国、余绍棣、汤兆秀赔偿损失以及余绍国、余绍棣反诉先锋翼隆工贸有限责任公司向余绍国、余绍棣返还合伙财产，实质上均是要求对二线合伙财产进行分配，而二线合伙财产尚未清算。根据《中华人民共和国合伙企业法》第二十一条第一款“合伙人在合伙企业清算前，不得请求分割合伙企业的财产；但是，本法另有规定的除外”的规定，先锋翼隆工贸有限责任公司、余绍国、余绍棣均无权请求对二线财产进行分割。故先锋翼隆工贸有限责任公司的本诉请求及余绍国、余绍棣反诉请求于法无据，不予支持。

本院审理查明的事实与一审判决认定的事实一致，予以确认。本院认为，2009年9月12日，余绍国经与真黔猛业公司签订《合作协议》后启动建设第二条生产线即涉案“真黔公司二线”，“真黔公司二线”的原始合伙人为余绍国、余绍棣、汤兆秀、徐军委（已故）。2011年4月27日，先锋翼隆工贸有限责任公司受让余绍棣、汤兆秀持有“真黔公司二线”的51%投资份额，成为新的合伙人。先锋翼隆工贸有限责任公司在本案诉请涉及的都匀鑫盛公司397091.4元货款等债务、吴光文216820元货款等债务、梁博华1042351元借款等债务均系因经营“真黔公司二线”所产生的债务，均属于合伙债务。涉案三笔债务经诉讼进入法院强制执行程序后，法院亦是通过拍卖“真黔公司二线”的部分合伙财产进行清偿。虽然真黔猛业公司已进入破产清算程序，但是涉案“真黔公司二线”

并未列入破产财产进行清算，合伙人至今亦未对“真黔公司二线”的合伙财产、合伙债权债务等进行结算。因“真黔公司二线”在生产经营过程中形成多笔债权债务，先锋翼隆工贸有限责任公司现仅就涉案三笔债务起诉要求余绍国、余绍棣、汤兆秀等人赔偿相关损失，结合“真黔公司二线”目前的实际情况考量，本院认为一审判决不支持先锋翼隆工贸有限责任公司的诉请并无不当。

◆ 第二十二条　合伙财产份额的转让

除合伙协议另有约定外，合伙人向合伙人以外的人转让其在合伙企业中的全部或者部分财产份额时，须经其他合伙人一致同意。

合伙人之间转让在合伙企业中的全部或者部分财产份额时，应当通知其他合伙人。

典型案例

潘长洲、尚龙合伙企业财产份额转让纠纷二审民事判决书①

裁判要旨：本案实为尚龙、尚家发向潘长洲转让合伙企业合伙份额并主张转让款引发。因案涉合伙份额受让主体潘长洲非合伙企业合伙人，故依照《中华人民共和国合伙企业法》第二十二条第一款“除合伙协议另有约定外，合伙人向合伙人以外的人转让其在合伙企业中的全部

① 贵州省黔西南布依族苗族自治州中级人民法院（2021）黔23民终202号。

或者部分财产份额时，须经其他合伙人一致同意”的规定，案涉转让需经合伙企业合伙人一致同意，一审法院已查实并认为已经取得全体合伙人同意。潘长洲对此不服提出上诉，认为未取得合伙人潘久红同意，不发生合伙份额转让效力。经查，依据本案现有证据，潘长洲在一审时已认可证人周某证言。依据该证言，在案涉合伙份额转让协议之时潘久红已经实际参与。另外，结合潘久红与受让人潘长洲系父子关系的特殊情况，以及潘长洲受让案涉合伙份额后原合伙人退出合伙企业经营管理的情况，潘久红基于其与潘长洲的身份情况以及合伙企业合伙人情况，在长达两三年时间内对合伙企业合伙份额转让情况不知晓且不同意不符合常理。本案一审法院认定潘长洲知晓案涉合伙企业合伙份额转让并同意，并无不当，应予维持。潘长洲关于合伙份额转让潘久红不同意的上诉理由不能成立。

◆ 第二十三条　其他合伙人的优先购买权

合伙人向合伙人以外的人转让其在合伙企业中的财产份额的，在同等条件下，其他合伙人有优先购买权；但是，合伙协议另有约定的除外。

名词解释

优先受让权，是指合伙人向合伙人以外的人出让自己在合伙企业的财产份额时，本企业的其他合伙人先于他人受让该份额的权利。其他合伙人行使优先购买权要受到一定的限制。这种限制主要表现在两方面：一是在“同等条件”下方可优先。如果合伙人以外的人所出的条件高于其他合伙人所出条件，则这种优先权即丧失。二是在实际执行中还要受到时间的约束。即在其他人与出让合伙人成交前其他合伙人可以优先；一旦他们成交，其他合伙人所出条件即使等于或高于其他人所出“条件”，也不能优先。

◆ 第二十四条　合伙人以外的人依法成为合伙企业的新合伙人

合伙人以外的人依法受让合伙人在合伙企业中的财产份额的，经修改合伙协议即成为合伙企业的合伙人，依照本法和修改后的合伙协议享有权利，履行义务。

◆ 第二十五条　合伙财产份额的出质

合伙人以其在合伙企业中的财产份额出质的，须经其他合伙人一致同意；未经其他合伙人一致同意，其行为无效，由此给善意第三人造成损失的，由行为人依法承担赔偿责任。

名词解释

出质，是质押担保的一种行为。所谓质押，是指债务人将能证明自己对某种财产具有所有权（或其他相关权利）的凭证交给债权人作为其履行债务的担保；债务履行完毕，债权人将该凭证予以退还；债务到期不能履行的，债权人有权处理质押物，以变现的财产优先受偿，并将多余部分予以退还的债务担保方式。

合伙人以其在合伙企业中的财产份额出质，是指合伙人以自己投入合伙企业的财产所获得的财产份额及其收益为自身债务或其他债务进行质押担保的行为。由于质押权具有优先受偿的性质，合伙人如果将其在合伙企业中的财产份额为自己或他人的债务作质押担保，就使合伙企业的财产处于不稳定状态；如其不能实际履行债务，债权人就要依法执行合伙企业的有关财产份额予以优先受偿，从而导致合伙人的变更。所以，合伙人以其在合伙企业中的财产份额出质的，须经全体合伙人一致同意。拟出质合伙人应就需出质债务的情况、出质原因、债务履行保证等向全体合伙人进行说明，由各合伙人讨论作出决定。经过讨论，其他合伙人对出质债务情况和风险有了了解，酌情作出同意与否的决定。如其他合伙人不同意出质，则该合伙人不得出质；如其他合伙人同意出质，则意味着全体合伙人同意承担此风险，一旦出质人不能实际偿付债务，合伙企业及其他合伙人就要承担债权人占有或变卖出质财产份额，导致合伙人变化的后果。

如果合伙人私自出质，被担保人不了解行为人私自质押行为，被担保人属于善意第三人，由此造成的损失应由行为人“依法承担赔偿责任”。被担保人了解行为人私自质押行为甚至互相串通，损害合伙企业和其他合伙人利益的，不受《中华人民共和国合伙企业法》的保护。

第三节　合伙事务执行

◆ 第二十六条　同等执行权利及委托执行

合伙人对执行合伙事务享有同等的权利。

按照合伙协议的约定或者经全体合伙人决定，可以委托一个或者数个合伙人对外代表合伙企业，执行合伙事务。

作为合伙人的法人、其他组织执行合伙事务的，由其委派的代表执行。

名词解释

合伙企业的事务执行，是指合伙企业的经营管理及对内对外关系中的事务处理等活动。合伙企业的人合性和经营管理的灵活性，体现在合伙企业不仅由各合伙人共同出资而设立，还通常由合伙人共同进行经营和管理。合伙人既是合伙企业的所有者，又是企业的经营者。这在很大程度上提高了企业的决策效率和经营效率，对中小企业及家庭经营企业较适宜。每一个合伙人对企业的经营管理和其他事务的执行不但有参与权，而且他们的权利平等。无论出资多少，出资方式是否相同，都不影响这一法定权利，不影响其在执行合伙企业事务时的平等资格。

典型案例

尚鹏等与上海诚自投资中心（有限合伙）等确认合同无效纠纷二审民事判决书[①]

裁判要旨：《中华人民共和国合伙企业法》第二十六条第二款规定："按照合伙协议的约定或者经全体合伙人决定，可以委托一个或者数个合伙人对外代表合伙企业，执行合伙事务。"第二十七条同时规定："依照本法第二十六条第二款规定委托一个或者数个合伙人执行合伙事务的，其他合伙人不再执行合伙事务。不执行合伙事务的合伙人有权监督执行事务合伙人执行合伙事务的情况。"本案中，在华晔投资中心的合伙企业营业执照上，明确载明合伙企业事务执行人为朱晔，

① 北京市第三中级人民法院（2021）京03民终10793号。

故朱晔依法有权对外代表合伙企业执行合伙事务。朱晔在执行合伙企业事务的过程中，代表合伙企业与上海诚自投资中心签订《股票质押合同》，将合伙企业的资产质押给上海诚自投资中心。朱晔对外行为的法律效力当然及于全体合伙人。至于朱晔执行合伙事务的行为是否符合合伙协议的约定及是否对其他合伙人构成侵权的问题，属于合伙企业的内部关系问题，与合伙企业之外的第三人无关。如执行合伙事务合伙人的行为给其他合伙人造成损失，可由其他合伙人向执行合伙事务合伙人追偿。

◆ 第二十七条 监督执行的权利

依照本法第二十六条第二款规定委托一个或者数个合伙人执行合伙事务的，其他合伙人不再执行合伙事务。

不执行合伙事务的合伙人有权监督执行事务合伙人执行合伙事务的情况。

◆ 第二十八条 执行事务合伙人的报告义务、其行为所产生的收益归属与亏损承担及不执行事务合伙人对企业的知情权

由一个或者数个合伙人执行合伙事务的，执行事务合伙人应当定期向其他合伙人报告事务执行情况以及合伙企业的经营和财务状况，其执行合伙事务所产生的收益归合伙企业，所产生的费用和亏损由合伙企业承担。

合伙人为了解合伙企业的经营状况和财务状况，有权查阅合伙企业会计账簿等财务资料。

典型案例

魏铭雯、徐州支点知识产权代理事务所等合伙协议纠纷二审民事判决书[①]

裁判要旨：原告有权查阅相关经营资料及财务资料。《中华人民共和国合伙企业法》规定，由1个或者数个合伙人执行合伙事务的，执行事务合伙人应当定期向其他合伙人报告事务执行情况以及合伙企业的经营和财务状况，其执行合伙事务所产生的收益归合伙企业，所产生的费用和亏损由合伙企业承担。合伙人为了解合伙企业的经营状况和财务状况，有权查阅合伙企业会计账簿等财务资料。上述规定旨在保障合伙人尤其是非执行事务合伙人对合伙企业经营状况和财务状况的知情权和监督权，而查阅合伙企业会计账簿等财务资料，是获取企业真实经营和财务状况的重要途径。本案中，被告支点事务所是原告与韩鲲、渠文姗基于人合而成立的普通合伙企业，各合伙人应按照合伙协议约定和《中华人民共和国合伙企业法》的规定享有权利、承担义务，原告有权查阅该事务所财务及经营资料。关于自2018年12月起的财务资料及经营资料，二被告对其持有没有异议。原告要求查阅该期间支点事务所财务资料及经营资料（包括会计账簿、记账凭证、会计报表、合同资料、文书档案、人事档案等），符合前述法律规定，本院予以支持。关于2011年7月至2014年2月的财务资料及经营资料，根据（2016）苏0312民初6788号案件鉴定报告中载明的2011年7月—2014年1月非魏铭雯经营期间提供的财

① 江苏省徐州市中级人民法院（2021）苏03民终2109号。

务资料、案外人渠文姗的介绍以及徐州市铜山地方税务局稽查局调取账簿资料清单明细及鉴定机构的分析认定，本院认为二被告关于2014年1月前的经营情况及建账情况的陈述具有可信性。关于2014年1月的经营材料及财务资料，被告韩鲲陈述魏铭雯于2014年2月17日至支点事务所将其赶出，走时没有带走任何资料。（2014）铜商初字第00743号民事生效判决第一项判决魏铭雯协助支点事务所向渠文姗提供该事务所的财务资料的期间包含2014年1月。因此，根据现有证据，本院认为2011年7月至2014年1月支点事务所可供原告查阅的材料暂确认为2013年1—12月明细分类账2本、记账凭证2册为宜。合伙企业具有相对独立的民事主体地位，合伙企业的财务资料系企业财产，故合伙企业应当作为合伙人行使知情权的义务主体。又因为具体合伙事务的执行由执行事务合伙人负责，故执行事务合伙人对其他合伙人知情权的行使负有协助义务。故，被告韩鲲应对上述财务资料、经营资料的提供予以协助。

◆ 第二十九条　合伙人对其他合伙人执行事务的异议权和撤销权

合伙人分别执行合伙事务的，执行事务合伙人可以对其他合伙人执行的事务提出异议。提出异议时，应当暂停该项事务的执行。如果发生争议，依照本法第三十条规定作出决定。

受委托执行合伙事务的合伙人不按照合伙协议或者全体合伙人的决定执行事务的，其他合伙人可以决定撤销该委托。

实用问答

1. 执行事务合伙人对其他合伙人执行的事务提出异议时，被异议人具有不同看法，由此导致纠纷的，如何处理？

答：如果执行事务合伙人的行为有损于合伙企业的利益、不当或有错误，其他执行事务的合伙人可以提出异议。一旦提出异议，就应暂停该项事务的执行。这主要是为了保障执行事务合伙人异议权的实现，防止被异议人对异议置之不理；如果已经造成损失，还可以防止损失的扩大。在合伙人执行事务的异议中，一种后果往往是可能在一方提出异议后，被异议人具有不同看法，由此导致纠纷。

对于合伙人执行事务产生纠纷，应依据《中华人民共和国合伙企业法》第三十条的规定作出决定，即要由全体合伙人按照合伙协议约定的表决办法对争议事项进行表决；合伙协议未约定表决办法或者约定不明确的，实行合伙人一人一票并经全体合伙人过半数通过的表决办法。有关争议事项涉及《中华人民共和国合伙企业法》规定必须经全体合伙人一致同意的事项的，应当经过全体合伙人同意。

当执行事务合伙人对合伙事务的执行提出异议时，合伙事务暂停执行。不执行事务合伙人提出异议，合伙事务可以不停止执行，但应尽快召开合伙人会议，讨论决定有关异议事项。

2. 执行事务合伙人不按合伙协议或者全体合伙人的决定执行事务的，将承担什么后果？

答：执行事务合伙人是受全体合伙人委托执行合伙事务，根据代理法律关系，执行事务合伙人必须按照合伙协议或全体合伙人的决定执行合伙事务，不得超越规定的权限执行合伙事务，不得利用执行合伙事务的便利损害合伙企业或其他合伙人的利益。否则，属于不按合伙协议或者全体合伙人的决定执行事务的行为，对此，其他合伙人可以决定撤销该委托。如果因此造成企业损失，该执行事务合伙人还应当进行赔偿。

◆ 第三十条 合伙企业的表决方法

合伙人对合伙企业有关事项作出决议，按照合伙协议约定的表决办法办理。合伙协议未约定或者约定不明确的，实行合伙人一人一票并经全体合伙人过半数通过的表决办法。

本法对合伙企业的表决办法另有规定的，从其规定。

名词解释

一人一票的表决办法，是指无论出资多少和以何种形式出资，表决权数应当以合伙人的人数为标准，即每一个合伙人对合伙企业有关事项均有同等的表决权。这样规定是基于合伙企业的所有合伙人对合伙事务都具有平等的权利和义务；同时，虽然合伙人对企业的出资和获利的比例有所不同，但他们最终都要对合伙企业债务承担无限连带责任，这一规定在一定程度上保护了出资少、获利小的合伙人决定合伙事务的基本权利。

◆ 第三十一条 应当经全体合伙人一致同意的合伙企业事项

除合伙协议另有约定外，合伙企业的下列事项应当经全体合伙人一致同意：

（一）改变合伙企业的名称；

（二）改变合伙企业的经营范围、主要经营场所的地点；

（三）处分合伙企业的不动产；

（四）转让或者处分合伙企业的知识产权和其他财产权利；

（五）以合伙企业名义为他人提供担保；

（六）聘任合伙人以外的人担任合伙企业的经营管理人员。

典型案例

葛兆且与江苏大器股权投资基金管理有限公司、南京嘉力企业管理有限公司等合伙企业财产份额转让纠纷一审民事判决书①

裁判要旨：关于大器五号合伙企业，根据《中华人民共和国合伙企业法》第三十一条的规定，除合伙协议另有约定外，以合伙企业名义为他人提供担保，应当经全体合伙人一致同意。大器五号合伙企业对以合伙企业名义为他人提供担保的表决程序的约定与法律规定一致。葛兆且未提供证据证明大器五号合伙企业全体合伙人对《保证协议》所涉保证事项一致同意，故《保证协议》关于大器五号合伙企业对大器公司相关义务承担连带责任保证的约定对大器五号合伙企业不发生效力。对葛兆且要求大器五号合伙企业对大器公司上述义务承担连带责任保证的诉请，本院不予支持。

◆ 第三十二条　合伙人的禁止经营行为

合伙人不得自营或者同他人合作经营与本合伙企业相竞争的业务。

除合伙协议另有约定或者经全体合伙人一致同意外，合伙人不得同本合伙企业进行交易。

合伙人不得从事损害本合伙企业利益的活动。

① 上海市黄浦区人民法院（2020）沪0101民初16716号。

名词解释

合伙人从事与本合伙企业相竞争的业务，是指合伙企业的合伙人在本企业以外从事与合伙企业经营的业务相同或相近，并与之存在竞争关系的业务。合伙人了解合伙企业的经营情况，包括经营诀窍、管理方式、原料来源等内部情况，如允许其经营与合伙企业相竞争的业务，就使合伙企业的经营处于不利的竞争地位，使其利益受到损害。这种竞争违背公平原则，《中华人民共和国合伙企业法》明确禁止。

合伙人同本合伙企业进行交易，是指合伙人在执行合伙事务中，以其职务便利，自行决定代表本合伙企业与自己代表的其他企业或个人业务进行交易的情形。这种交易实际是一种关联交易。关联交易对合伙企业既有有利的一面，也有不利的一面；但如果合伙人通过这一交易将本应属于合伙企业的利润转移至自己的企业，利用关联交易牟取私利，将损害合伙企业及其他合伙人的利益。因此，《中华人民共和国合伙企业法》规定，未经合伙协议约定或者经全体合伙人一致同意，合伙人不得同本合伙企业进行交易。

实用问答

合伙人可以从事其他投资或营利性活动吗？

答：合伙人是参与合伙投资经营的当事人，法律并不限制其在从事本合伙企业的投资经营外，从事其他投资或营利性活动，如设立个人独资企业、参与公司投资等，甚至可以在本合伙企业以外，另行设立合伙企业。但《中华人民共和国合伙企业法》规定了三种限制：一是不得从事与本合伙企业相竞争的业务；二是不得擅自与本合伙企业进行交易；三是不得从事损害本合伙企业利益的活动。

典型案例

广东泰通农业发展集团股份有限公司、汤光斌竞业限制纠纷二审民事判决书①

裁判要旨：所谓合伙，是指两个以上合伙人共同出资、共同经营、共享利益、共担风险的行为。根据该定义，合伙人之间产生纠纷，诉请解决争议必涉及合伙人间出资是否到位，经营期间是否存在经营利润或者经营亏损，利润的分配或者亏损的负担，合伙的继续履行或是终止合伙等事项。所谓竞业禁止，是指特定经营主体对与之有特定民事法律关系的特定人员的营利性竞争行为的禁止。对此，《中华人民共和国合伙企业法》第三十二条规定，合伙人不得自营或者同他人合作经营与本合伙企业相竞争的业务。根据竞业禁止的定义及《中华人民共和国合伙企业法》第三十二条的规定，竞业禁止纠纷诉请解决争议必涉及合伙主体是否存在自营或者与他人合作经营与合伙企业相竞争的业务的行为。从泰茂公司、泰通公司的诉讼请求看，其起诉的事由是耘茂公司在泰茂公司经营场地内独资设立了石盘米业公司，从事与泰茂公司相同的业务，违反了投资合同第十五条关于同行竞业限制（禁止）的约定，而诉请耘茂公司、石盘米业公司立即停止竞业行为并承担违约责任。据此可知，泰通公司、泰茂公司诉请解决的并非因合伙产生的争议，而是耘茂公司、石盘米业公司是否存在与泰茂公司经营相同的业务，是否构成违约的问题。综上，泰通公司上诉主张本案应为合伙协议纠纷，一审法院确定本案案由为

① 湖南省衡阳市中级人民法院（2021）湘04民终1647号。

股东竞业限制（禁止）纠纷错误，缺乏事实依据，本院对此不予采信。

◆ 第三十三条 合伙企业的利润分配与亏损分担

合伙企业的利润分配、亏损分担，按照合伙协议的约定办理；合伙协议未约定或者约定不明确的，由合伙人协商决定；协商不成的，由合伙人按照实缴出资比例分配、分担；无法确定出资比例的，由合伙人平均分配、分担。

合伙协议不得约定将全部利润分配给部分合伙人或者由部分合伙人承担全部亏损。

名词解释

合伙企业的利润分配，是指合伙企业的生产经营收入在进行必要的扣除后所获利润，在各合伙人之间进行的分配。

合伙企业的亏损分担，是指企业经营过程中发生的在一定时期内各种收入减去各项费用后出现负差额即发生亏损时，就这种亏损在各合伙人之间进行的分别承担。

实用问答

劳务出资人亏损分担的原则是什么？

答：由于劳务出资者未拿出实际的财产投入到企业中，一旦企业经营亏损，他是否应与其他合伙人一样分担亏损？如何分担？对此，各国和地区的做法有所不同，大体上可分为三类：一是要求劳务出资者与其他合伙人平均分担，如德国；二是按企业最低分担比例执行，即将其分配利润和分担损失相挂钩，都执行与出资额最少的出资人相同的比例，如法国；三是负盈不负亏，即合伙协议事前规定劳务出资人需分担亏损的，依规定执行，未规定的劳务出资人将不承担亏损。我国法律未作明确的规定。外国和地区的经验可为我国企业所借鉴。[①]

典型案例

余业兵、张光朝等合伙协议纠纷民事二审民事判决书[②]

裁判要旨：本案是张光朝针对已经司法确认的合伙债权提出的诉讼，根据惠东县人民法院（2017）粤1323民初1908号民事判决书及惠州市中级人民法院（2018）粤13民终6087号民事判决书确定的内容。李新应于判决发生法律效力之日起7天内支付工程款525763.1元及相应利息给余业兵。李新已于2019年5月23日向余业兵转账580405元。根据《中华人民共和国合伙企业法》第三十三条“合伙企业的利润分配、亏损分担，按照合伙协议的约定办理；合伙协议未约定或者约定不明确的，由合伙人协商决定；协商不成的，由合伙人按照实缴出资比例分配、分担；无法确定出资比例的，由合伙人平均分配、分担。合伙协议不得约定将全部利润分配给部分合伙人或者由部分合伙人承担全部亏损”，本案中，张光朝与余业兵虽没有明确的合伙协议，但双方均确认合伙关系，因此，对合伙可分债权580405元，张光朝主张某某均分配，依法有据。鉴于因追偿债权，余业兵已支出了案件受理费、律师费及保全费。上述费用均为实现债权的合理支出，一审法院在可分配金额中予以扣减，合法合理。

① 参见全国人大常委会法工委编：《中华人民共和国合伙企业法释义》，法律出版社2006年版。

② 广东省广州市中级人民法院（2021）粤01民终15216号。

即（14179 元 +42000 元 +1200 元）÷2 =28689.5 元，每个合伙人平均分担实现债权的合理支出需扣减 28689.5 元。另可分配工程款为 580405 元，合伙人平均分配即为 580405 元 ×50% =290202.5 元。即余业兵应向张光朝支付 290202.5 元 -28689.5 元 =261513 元。一审对应付款项计算正确，本院予以支持。

◆ 第三十四条 合伙人增加或减少对合伙企业的出资

合伙人按照合伙协议的约定或者经全体合伙人决定，可以增加或者减少对合伙企业的出资。

名词解释

合伙人增加出资，是指在合伙企业存续期间，因需要，经全体合伙人协商一致，由各合伙人追加对合伙企业投资的行为。在实践中，合伙企业在成立初期，可能业务发展很快，仅以合伙人的原始投入，甚至连同盈利转为投资都难以满足企业发展的需要；在企业发展的成熟期也可能发生扩大经营规模，现有财力不支的情况；在经营中也有一些合伙企业发生亏损，如要继续维持也需新的财力支持。发生这类情况，如不能以企业的名义对外筹资，就需要合伙人对合伙企业增加出资。

合伙人减少出资，是指在合伙企业存续期间，因种种原因导致合伙人依法将投入到合伙企业的财产撤回从而使合伙企业资产减少的情形。合伙企业虽然不像法人企业那样具有完全独立的财产权利，但现代合伙企业也倾向于保持合伙企业财产一定的独立性。因此，越来越强调合伙人不得随意抽回出资。合伙人如因转让财产份额或被法院执行财产份额而减少出资或因其他原因减少出资，必须依法。减少出资应是针对全体合伙人而言的，即应由全体合伙人协商减少，如同投资一样，也应相应地进行协商、资产评估并修改合伙协议等程序。因合伙人减少出资导致合伙企业资本减少的，应当到企业登记机关办理变更登记手续，以公示交易相对人。

典型案例

重庆德瀚新应用材料创业投资基金合伙企业与重庆万彩广告文化传播有限公司不当得利纠纷二审民事判决书[①]

裁判要旨：因他人没有法律根据，取得不当得利，受损失的人有权请求其返还不当利益。重庆万彩广告文化传播有限公司按照合伙协议约定，缴付了第三期、第四期出资款共计800万元。因全体合伙人通过了减资的决议，将该合伙企业的总出资额从2.5亿元减少到1.5亿元，各合伙人的出资比例不变，且根据该决议，各合伙人不再需要缴纳第三期和第四期出资款，德瀚新应用材料创业投资基金合伙企业继续占有重庆万彩广告文化传播有限公司依前述合伙协议缴纳的第三期、第四期出资款无事实和法律依据，一审法院判决德瀚新应用材料创业投资基金合伙企业退还重庆万彩广告文化传播有限公司800万元出资款正确，本院予以维持。

① 重庆市第五中级人民法院（2021）渝05民终2317号。

◆ 第三十五条 合伙企业聘任经营管理人员

被聘任的合伙企业的经营管理人员应当在合伙企业授权范围内履行职务。

被聘任的合伙企业的经营管理人员，超越合伙企业授权范围履行职务，或者在履行职务过程中因故意或者重大过失给合伙企业造成损失的，依法承担赔偿责任。

名词解释

被聘任的合伙企业的“经营管理人员”，是指由全体合伙人一致同意聘任的，代表全体合伙人的利益，管理合伙企业日常事务的合伙人以外的人。在现代市场经济高速发展的环境中，一些合伙企业聘任合伙人以外的人从事企业的经营管理，利用他们的先进管理经验或是专门的技术才能治理企业，提高效率，增强企业的竞争力，以更加适应在市场经济社会中生存和发展的需要。被聘任的合伙企业的经营管理人员属于企业雇员，企业与他们的聘任与被聘任关系是一种委托关系，因此，这些管理人员必须在合伙企业授权范围内履行职务并尽忠诚受托义务。至于委托的事项是法律行为还是事实行为，是内部管理行为还是对外的代表行为，是全面负责合伙企业事务还是仅负责一部分，都要根据合伙协议约定的办法由合伙人授权。受聘人员严格按照合伙人授权从事企业的经营管理的，在法律上代表全体合伙人，其法律后果由合伙企业承担。

◆ 第三十六条　合伙企业财务、会计制度

合伙企业应当依照法律、行政法规的规定建立企业财务、会计制度。

名词解释

企业财务制度，包括企业财务管理体制、资金筹集、资产结构动态管理、内部资金调度控制、合同的财务审核、存货管理、固定资产购建使用处置、对外投资、成本控制、收益分配等管理规则，是企业记录财务收支、核算经营成本、提高经济效益的重要手段，也是国家和合伙人对企业进行财务监督的主要依据，对企业的生产经营和利益分配具有重要作用。合伙企业应当依照法律、行政法规的规定建立企业财务制度。

企业会计制度，是对企业财务收支状况进行如实记录与核算，从而合理评价企业经营效果的重要手段。合伙企业应当依照法律、行政法规的规定建立企业会计制度。会计核算应当以企业发生的各项经济业务为对象，记录和反映企业本身的各项生产经营活动。会计核算应当以企业持续、正常的生产经营活动为前提并划分会计期间，分期结算账目和编制会计报表。会计期间分为年度、季度和月份。年度、季度和月份的起止日期采用公历日期。会计核算应当以实际发生的经济业务为依据，如实反映财务状况和经营成果。会计信息应当符合国家宏观经济管理的要求，满足有关各方了解企业财务状况和经营成果的需要，满足企业加强内部经营管理的需要。会计核算应当按照规定的会计处理方法进行，会计指标应当口径一致、相互可比等。根据《中华人民共和国会计法》和《企业会计准则——基本准则》的规定，企业会计制度应包括会计核算、会计监

督、会计机构和会计人员的职责等规则。

第四节　合伙企业与第三人关系

◆ 第三十七条　保护善意第三人

合伙企业对合伙人执行合伙事务以及对外代表合伙企业权利的限制，不得对抗善意第三人。

名词解释

第三人，是指合伙人、合伙企业以外的与合伙企业发生各种业务关系的“人”，包括法人、非法人组织和自然人。合伙企业与第三人的关系，是合伙企业与交易相对人的关系，或者说是合伙企业的外部关系。合伙企业的普通合伙人可以共同或分别对外代表企业，也可以委托特定的合伙人代表合伙企业。但无论是哪一个或哪几个普通合伙人对外代表合伙企业，其对外发生的关系均为合伙企业与第三人的关系，并且一般都通过合同规定企业和第三人就某一交易活动所应承担的权利、义务关系，对外代表合伙企业的合伙人、合伙企业与第三人都应严格依照合同的规定履行义务、行使权利。

善意，是指与合伙企业及其对外代表合伙人交易的第三人没有故意或明知的串通，也不了解合伙企业的内部限制规则及参与交易的合伙人的实际状况。如果第三人明知或应该知道该合伙人从事的是越权行为和受限制行为，而故意与之签订合同，则由此产生的后果应由第三人自己承担。

典型案例

彭灿、攸县兰村乡满江村腾冲煤矿民间借贷纠纷二审民事判决书①

裁判要旨：关于攸县腾冲煤矿是否担责的问题。《中华人民共和国合伙企业法》第三十七条规定："合伙企业对合伙人执行合伙事务以及对外代表合伙企业权利的限制，不得对抗善意第三人。"根据上述规定可知，以合伙企业名义为他人提供担保，虽须经合伙企业全体合伙人一致同意，但合伙企业对合伙人执行合伙事务以及对外代表合伙企业权利的限制，不得对抗善意第三人。吴石福作为腾冲煤矿的合伙人之一，在其出示2010年3月29日腾冲煤矿股东会议记录并持有腾冲煤矿公章的情况下，张巍有理由相信腾冲煤矿具有担保的意思表示，腾冲煤矿对其合伙人权利的限制不能对抗善意第三人彭灿，故腾冲煤矿仍应按照约定承担连带保证责任。一审认为腾冲煤矿的担保因违反法律强制性规定而无效不当，属适用法律错误，本院予以纠正。

◆ 第三十八条　合伙企业清偿债务的原则

合伙企业对其债务，应先以其全部财产进行清偿。

名词解释

合伙企业的债务，即合伙企业在开展经营业务时所产生的各种

---

① 湖南省湘潭市中级人民法院（2020）湘03民终1667号。

债务。合伙企业从事经营不可避免地要产生债务，这种债务应当先以合伙企业的财产来偿付。在合伙企业经营中，如果产生的债务大于企业财产即属于资不抵债，在此情况下还要溯及合伙人自身的其他财产。

典型案例

范县兴华挤塑板保温材料有限公司与清丰县三鑫泡沫塑料厂普通合伙、李喜民买卖合同纠纷一审民事判决书①

裁判要旨：原告范县兴华挤塑板保温材料有限公司向被告清丰县三鑫泡沫塑料厂普通合伙供应挤塑板，双方成立买卖合同关系，该买卖合同不违反相关法律规定，合法，有效。被告清丰县三鑫泡沫塑料厂普通合伙作为合伙企业应先以其全部财产进行清偿，合伙企业不能清偿到期债务的，合伙人承担无限连带责任。被告清丰县三鑫泡沫塑料厂普通合伙出具的欠据可证明尚欠原告范县兴华挤塑板保温材料有限公司货款330781元，原告请求其承担付款责任本院予以支持。

◆ 第三十九条　合伙人的无限连带责任

合伙企业不能清偿到期债务的，合伙人承担无限连带责任。

① 河南省清丰县人民法院（2021）豫0922民初1594号。

实用问答

普通合伙企业不能清偿到期债务的，合伙人如何承担清偿责任？

答：合伙人对合伙债务承担无限连带责任，是合伙企业最基本的法律特征，也是合伙企业与有限责任公司的根本区别。如果合伙协议规定按出资比例分担债务，应将其所剩债务按出资比例分成若干份额，各合伙人按其比例所分担的份额以自己在合伙企业以外的其他财产偿付债务；如果合伙协议规定了其他亏损分担办法，可按规定的办法执行；合伙协议未规定亏损分担办法的，应将所剩债务按合伙人人数平均分为若干份额，每个合伙人分别承担自己的债务份额。

另外，当合伙企业财产不足以清偿债务时，其债权人即可向其中任何一个普通合伙人主张权利，要求其偿付债务。该合伙人负有代合伙企业偿付债务的责任，这种责任既包括他自己应承担的债务份额，也包括其他合伙人应承担部分。这种连带责任虽然增大了合伙人的风险，但同时也增加了合伙企业的对外信誉，使企业获得了更强的偿债能力。

典型案例

邯郸市银桥企业服务中心、中国银行股份有限公司邯郸分行金融借款合同纠纷二审民事判决书[①]

裁判要旨：《中华人民共和国合伙企业法》第二条中规定“合

① 河北省邯郸市中级人民法院（2019）冀04民终2517号。

伙人对合伙企业债务承担无限连带责任”，但是第三十九条同时规定“合伙企业不能清偿到期债务的，合伙人承担无限连带责任”，从两个法条结合来看，立法本意是指在合伙企业不能清偿到期债务的情况下合伙人才承担无限连带责任，而不是指合伙人对合伙企业的到期债务直接承担连带责任。故中国银行股份有限公司邯郸分行要求邯郸市银桥企业服务中心的全部合伙人对万亩公司的债务承担连带责任的诉讼请求于法无据，不应支持。

◆ 第四十条　合伙人承担无限连带责任超过应承担比例后有权向其他合伙人追偿

合伙人由于承担无限连带责任，清偿数额超过本法第三十三条第一款规定的其亏损分担比例的，有权向其他合伙人追偿。

典型案例

周志山与全任军、赵成武合伙协议纠纷一审民事判决书[①]

裁判要旨：周志山在与四被告合伙经营期间，以自己的名义向陆耀忠所购买的化肥是用于合伙经营的香蕉种植，所负债务是合伙经营期间债务，属于合伙企业债务，根据《中华人民共和国合伙企业法》第三十三条第一款“合伙企业的利润分配、亏损分担，按照合伙协议的约定办理；合伙协议未约定或者约定不明确的，由合伙人协商决定；协商

① 广西壮族自治区龙州县人民法院（2020）桂1423民初1460号。

不成的，由合伙人按照实缴出资比例分配、分担；无法确定出资比例的，由合伙人平均分配、分担”的规定，应由全体合伙人按出资比例分担。现周志山承担了全部债务，根据《中华人民共和国合伙企业法》第四十条“合伙人由于承担无限连带责任，清偿数额超过本法第三十三条第一款规定的其亏损分担比例的，有权向其他合伙人追偿”的规定，周志山有权向四被告进行追偿。根据五人的出资比例，对本案债务的分担数额如下：周志山应承担34%，数额为38250元（112500×34%=38250）；赵成武应承担28%，数额为31500元（112500×28%=31500）；莫艳民应承担23%，数额为25875元（112500×23%=25875）；农志林应承担8%，数额为9000元（112500×8%=9000）；全任军应承担7%，数额为7875元（112500×7%=7875）。周志山超出上述四被告各自应承担的债务分担数额的诉讼请求，没有事实和法律依据，本院不予支持。周志山要求四被告互负连带责任偿还债务及支付利息没有法律依据，本院不予支持。

◆ 第四十一条　合伙人发生与合伙企业无关的债务，相关债权人不得行使抵销权和代位权

合伙人发生与合伙企业无关的债务，相关债权人不得以其债权抵销其对合伙企业的债务；也不得代位行使合伙人在合伙企业中的权利。

名词解释

合伙人发生与合伙企业无关的债务，是指合伙人在合伙企业以外，并非以合伙企业名义而是以自己名义，为自己的目的所从事的经营或交易等民事活动，并以自身名义所承担的有关债务。这类债务存在各类情况，但都与合伙企业及其生产经营无关。合伙企业虽

然不像公司那样具有独立的法人资格，但也是相对独立的市场主体，其民事活动与合伙人自身的民事活动属于两个不同的法律关系，不应混同。因此，合伙人发生的债务与合伙企业债务是两个不同的债。合伙人的自身债务，应由合伙人自行偿还。

债权债务关系中的代位权，是指债权人以自己的名义依法代替债务人行使债务人之权利的权利。代位权是保全债权的方法之一。当债务人享有对第三人的权利而怠于行使，使债务人的收益或财产遭受损失，从而损及债权人利益时，债权人便可代位行使债务人应行使的权利，以保护债权的实现。代位权应以以下条件为前提：债务人须享有对第三人纯粹的财产权；债务人怠于行使该权利；债务人迟延履行其债务，等等。合伙企业是由合伙人投资形成的经营性组织，合伙人在合伙企业中不仅享有财产性质的收益权，还包括其在合伙企业中的表决权等身份权及法定管理权、监督权等其他权利。合伙人的债权人要求合伙人偿还债务，只能通过与合伙人签订合同或通过诉讼，获得对合伙人在合伙企业中收益分配的请求权或者分割其在合伙企业中的财产份额以实现债权；而对合伙人的其他权利如合伙事务执行权、重大事务表决权、对企业的监督权等均没有请求权，不得行使代位权。

典型案例

沈阳市于洪区金兰办公家具厂、沈阳鑫成装饰材料加工厂装饰装修合同纠纷二审民事判决书[①]

裁判要旨： 本案双方当事人之间构成买卖合同关系，上诉人金

① 辽宁省沈阳市中级人民法院（2019）辽01民终12641号。

兰办公家具厂对其从被上诉人处鑫成装饰材料加工厂购买 90292 元货物的事实没有异议，对是否支付对应货款存在争议。上诉人认为其已经用欠款抵顶货款的方式与被上诉人的合伙人谢某进行了结算，且经过了被上诉人同意，应视为已经支付了对应货款。《中华人民共和国合伙企业法》第四十一条规定，合伙人发生与合伙企业无关的债务，相关债权人不得以其债权抵销其对合伙企业的债务；也不得代位行使合伙人在合伙企业中的权利。《最高人民法院关于民事诉讼证据的若干规定》第二条规定，当事人对自己提出的诉讼请求所依据的事实或者反驳对方诉讼请求所依据的事实有责任提供证据加以证明。没有证据或者证据不足以证明当事人的事实主张的，由负有举证责任的当事人承担不利后果。本案中，上诉人未提供证据证明案外人谢某的借款全部用于鑫成装饰材料加工厂的经营活动，案外人既不是鑫成装饰材料加工厂的负责人，也未提供证据证明鑫成装饰材料加工厂同意以借款抵顶货款的证据。现有证据不足以支持上诉人主张。因此其主张以其对合伙人之一谢某的债权抵偿对合伙企业鑫成装饰材料加工厂债务的主张不能支持。

◆ 第四十二条　合伙人自身债务的清偿及对合伙人财产份额的强制执行

合伙人的自有财产不足清偿其与合伙企业无关的债务的，该合伙人可以以其从合伙企业中分取的收益用于清偿；债权人也可以依法请求人民法院强制执行该合伙人在合伙企业中的财产份额用于清偿。

人民法院强制执行合伙人的财产份额时，应当通知全体合伙人，其他合伙人有优先购买权；其他合伙人未购买，又不同意将该财产份额转让给他人的，依照本法第五十一条的规定为该合伙人办理退伙结算，或者办理削减该合伙人相应财产份额的结算。

名词解释

削减合伙人相应财产份额，即根据被执行债务数额的大小，对于债务小于被执行合伙人的财产份额的，对其财产份额进行结算后，削减去应执行的财产数额，再确认其在合伙企业中的剩余财产份额。对于债务大于或等于财产份额的，作退伙处理。

第五节 入伙、退伙

◆ 第四十三条 新合伙人入伙

新合伙人入伙，除合伙协议另有约定外，应当经全体合伙人一致同意，并依法订立书面入伙协议。

订立入伙协议时，原合伙人应当向新合伙人如实告知原合伙企业的经营状况和财务状况。

名词解释

入伙，即在合伙企业存续期间，合伙人以外的人申请加入合伙企业并被合伙企业接纳，从而成为合伙企业合伙人。

实用问答

实践中，合伙企业的入伙包括哪些情形？

答：根据《中华人民共和国合伙企业法》的有关规定，实践中合伙企业的入伙包括三种情形：第一，非合伙人通过接受原合伙企业的合伙人在合伙企业中财产份额的转让或者依法承继该财产份额，而成为合伙企业的合伙人；第二，非合伙人不是通过接受财产份额的转让，而是申请加入合伙企业并被接纳，而成为合伙人；第三，合伙人死亡或者被宣告死亡，其合法继承人按照合伙协议的约定或者经全体合伙人一致同意，而成为合伙人。

典型案例

陈立平、陈德文与马林全、连南瑶族自治县社下冲一级水电站（普通合伙）合伙协议纠纷一案民事一审判决书①

裁判要旨： 合伙企业是一种将出资、经营、收益与风险融为一体的营利性组织。合伙企业是以共同经营为标志、以共享利益为动力、以共担风险为保证的，其既是利益共同体，也是责任共同体。因此，合伙企业的存续是各合伙人的能力、财力、信誉，以及各合伙人之间的相互信任关系。合伙企业接纳新的合伙人入伙，涉及合伙企业的合伙出资比例、盈余分配比例、债务分担比例的变动，需要对原有的合伙协议进行调整，因此，新合伙人入伙必须征得全体合伙人的同意。同理，每一个合伙人在原有合伙协议的基础上，需要对是否接纳他人入伙作出意思表示，即其有权同意，也有权拒绝他人入伙。也就是说，拒绝他人入伙不需要全体合伙的同意，只要原有合伙人中有一人表示反对，则拒绝他人入伙即可成立。所以说，应当经全体合伙人一

① 广东省连南瑶族自治县人民法院（2020）粤1826民初520号。

致同意，是新合伙人入伙的实质性要件。被告马林全明确表示不同意陈立平加入合伙企业，根据社下冲一级水电站合伙人之间达成的合伙协议及《中华人民共和国合伙企业法》第四十三条中“新合伙人入伙，除合伙协议另有约定外，应当经全体合伙人一致同意，并依法订立书面入伙协议”的规定，陈立平不能成为社下冲一级水电站的合伙人。故两原告要求确认《合伙企业股权转让协议书》合法有效不符合法律规定，本院不予支持。且其他合伙人将自己名下的股份全额进行转让，实际是退伙行为，根据合伙协议及《中华人民共和国合伙企业法》第四十六条的规定，应当提前30日通知其他合伙人，故其他合伙人的退伙程序也不符合合伙协议的约定和法律的规定。因陈立平不能成为电站合伙人，故原告请求确认股权比例及办理相关的变更登记无事实基础，本院亦不予支持。

◆ 第四十四条 新合伙人的权利义务

入伙的新合伙人与原合伙人享有同等权利，承担同等责任。入伙协议另有约定的，从其约定。

新合伙人对入伙前合伙企业的债务承担无限连带责任。

实用问答

新合伙人应履行哪些义务?

答：新合伙人也要像原合伙人一样履行义务，新合伙人应履行的义务包括：按照合伙协议的约定履行出资义务；除法律另有规定外，不得请求分割合伙企业财产；除合伙协议另有约定外，向合伙人以外的人转让其财产份额应当经其他合伙人一致同意；以财产份额出质的，应当经其他合伙人一致同意；不得自营或者同他人合作经营与本合伙企业相竞争的业务；除合伙协议另有约定外，不得同本合伙企业进行交易；不得从事损害本合伙企业利益的活动；按照合伙协议的约定承担亏损；在合伙企业财产不能清偿到期债务时，承担无限连带责任等。

◆ 第四十五条　合伙协议约定合伙期限时合伙人自愿退伙情形

合伙协议约定合伙期限的，在合伙企业存续期间，有下列情形之一的，合伙人可以退伙：

（一）合伙协议约定的退伙事由出现；

（二）经全体合伙人一致同意；

（三）发生合伙人难以继续参加合伙的事由；

（四）其他合伙人严重违反合伙协议约定的义务。

典型案例

于睿与于春雷合伙协议纠纷二审民事判决书[①]

裁判要旨：根据《最高人民法院关于贯彻执行〈中华人民共和国民法通则〉若干问题的意见（试行）》的规定，合伙人退伙，书面协议有约定的，按书面协议处理；书面协议未约定的，原则上应予准许。但因其退伙给其他合伙人造成损失的，应当考虑退伙的原因、理由以及双方当事人的过错等情况，确定其应当承担的赔偿责任。本案中，双方之间构成个人合伙，且共同投资、对外经营。但自2017年1月始于春雷即未再增加投资，也未再参与合伙事务。从2018年1月18日于睿明确向于春雷出具的协议可知，于春雷退伙，且对退伙的处理双

① 江苏省淮安市中级人民法院（2021）苏08民终2041号。

方形成一致意见，即于春雷退伙，于睿返还于春雷投资款（账面上数额）。因双方合伙事务并未对外负债，故双方对于春雷退伙事务的处理只要双方自愿，且未损害第三人利益，即为有效。虽然在签署该协议时对于睿要返还的数额未予明确，但双方合伙经营期间对各自的投资均有账目，且经双方签字，只是在签协议时双方未最终汇总，故于春雷主张“账面上数额”即经双方签字确认的、于春雷的投资款符合客观事实。因双方在合伙期间对于各自投入支出等均有账目，除此之外，没有双方认可的其他合伙账目，故协议中的“账面”即指双方签字的账目。而在合伙期间，于睿作为参与人，对于其个人每月投入、合伙的业务量及收益应为明知，在明知其投入大于收益的情况下，出具给于春雷的协议中的“返还”“投资款”的字样均指向明确，且未附加诸如需清算等的条件，应为其自愿在投资未回收的情况下，同意于春雷退伙，并由其返还于春雷的投资款，故一审判决有合同依据。

◆ 第四十六条　合伙协议未约定合伙期限时合伙人自愿退伙情形

合伙协议未约定合伙期限的，合伙人在不给合伙企业事务执行造成不利影响的情况下，可以退伙，但应当提前三十日通知其他合伙人。

典型案例

王启、韩佳等民间借贷纠纷民事二审民事判决书[①]

裁判要旨：王启、贾某某与范欢乐在自愿平等、协商一致的情

① 陕西省渭南市中级人民法院（2023）陕05民终101号。

况下签订《退出茶仙坊协议》，该协议是合同双方真实意思表示，且不违反法律、行政法规的强制性规定，应为有效协议。上诉人主张，该退出协议违反了当初所订合作协议中关于退伙需经全体合伙人同意的约定而不生效。《中华人民共和国合同法》第十三条规定："当事人订立合同，采取要约、承诺方式。"第二十一条规定："承诺是受要约人同意要约的意思表示。"第二十五条规定："承诺生效时合同成立。"第二十六条中规定，"承诺通知到达要约人时生效"。本案中，韩佳将"合作协议"电子文档样本发送至"茶仙坊西宁店"群聊中，但王启及其妻均未对该合作协议做出认可或同意的意思表示，即其二人未作出承诺，该合作协议并未成立，其中关于对退伙限制性的约定不能拘束合同双方的行为，故上诉人范欢乐关于退伙协议不生效的上诉理由不能成立。

◆ 第四十七条　对合伙人违反法律规定退伙的处理

合伙人违反本法第四十五条、第四十六条的规定退伙的，应当赔偿由此给合伙企业造成的损失。

◆ 第四十八条　法定退伙情形

合伙人有下列情形之一的，当然退伙：

（一）作为合伙人的自然人死亡或者被依法宣告死亡；

（二）个人丧失偿债能力；

（三）作为合伙人的法人或者其他组织依法被吊销营业执照、责令关闭、撤销，或者被宣告破产；

（四）法律规定或者合伙协议约定合伙人必须具有相关资格

而丧失该资格；

（五）合伙人在合伙企业中的全部财产份额被人民法院强制执行。

合伙人被依法认定为无民事行为能力人或者限制民事行为能力人的，经其他合伙人一致同意，可以依法转为有限合伙人，普通合伙企业依法转为有限合伙企业。其他合伙人未能一致同意的，该无民事行为能力或者限制民事行为能力的合伙人退伙。

退伙事由实际发生之日为退伙生效日。

实用问答

1. 在什么情形下，自然人会被宣告死亡？

答：根据《中华人民共和国民法典》第四十六条的规定，自然人有下列情形之一的，利害关系人可以向人民法院申请宣告该自然人死亡：（1）下落不明满4年；（2）因意外事件，下落不明满2年。因意外事件下落不明，经有关机关证明该自然人不可能生存的，申请宣告死亡不受2年时间的限制。

2. 合伙人的个人财产不足以清偿其全部个人债务，如果其有很好的信用，可以通过借款来还债，可以认定该合伙人没有偿债能力吗？

答：普通合伙企业的合伙人以其全部财产对合伙企业债务承担无限连带责任，即合伙人以个人财产对合伙企业债务进行担保。当合伙人丧失偿债能力，这种担保就不复存在，让其继续留在合伙企业中，对保护合伙企业债权人不利。同时，合伙人丧失偿债能力的，最终结果必然是用该合伙人在合伙企业中的财产份额来清偿合伙人的个人债务，这同样会使合伙人丧失其在合伙企业中的财产份额，同退伙的后果是一样的。需要注意的是，对合伙人的偿债能力应当进行综合判断。即使一个合伙人的个人财产不足以清偿其全部个人债务，如果其有很好的信用，可以通过借款来还债，也不能认为该合伙人丧失了偿债能力。

3. 法定退伙生效日至登记事项变更日之间，退伙人能以其已经退伙来对抗第三人主张权利的请求吗？

答：法定退伙是合伙企业内部的事情，合伙企业的交易相对人等其他合伙企业以外的人很难知道；合伙企业以外的人与合伙企业进行交易，是以在企业登记机关登记的合伙企业情况为基础的。因此，法定退伙生效，仅限于合伙企业内部；只有在合伙企业将因法定退伙引起的变化在企业登记机关进行变更登记后，该退伙才会对合伙企业以外的人产生效力。也就是说，在法定退伙生效日至登记事项变更日之间，退伙人不能以其已经退伙来对抗第三人主张权利的请求。

典型案例

吴敏、成都圣智商务咨询合伙企业、成都圣恩生物科技股份有限公司合伙企业纠纷一审民事判决书[①]

裁判要旨：《中华人民共和国合伙企业法》第二十七条第二款规定："不执行合伙事务的合伙人有权监督执行事务合伙人执行合伙事务的情况。"第二十八条第二款规定："合伙人为了解合伙企业的经营状况和财务

有章

① 四川省成都市温江区人民法院（2021）川0115民初1166号。

状况，有权查阅合伙企业会计账簿等财务资料。”第四十八条第一款第四项规定“法律规定或者合伙协议约定合伙人必须具有相关资格而丧失该资格”，属于当然退伙。第四十八条第三款规定：“退伙事由实际发生之日为退伙生效日。”吴敏于2019年3月15日与圣恩生物科技股份有限公司解除了劳动合同，违反了吴敏在入伙协议中的相关承诺，后朱俊松于2019年3月27日以吴敏入伙时认购的同等价格对吴敏的全部出资进行了回购，吴敏对此予以确认，且朱俊松已向吴敏支付回购款，从出资被回购后吴敏不再是圣智商务咨询合伙企业的合伙人。在出资回购前吴敏未向圣智商务咨询合伙企业及该合伙企业的执行事务合伙人提出查阅合伙企业会计账簿等财务资料的要求，在确认回购事宜时也未提出请求，其怠于行使合伙人权利，在丧失合伙人资格后吴敏对合伙企业的会计账簿等财务资料无权进行查阅。对吴敏要求复制圣智商务咨询合伙企业会计账簿等财务资料的诉讼请求，没有法律依据，本院不予支持。吴敏要求圣智商务咨询合伙企业向圣恩生物科技股份有限公司发出查阅申请书，查阅、复制圣恩生物科技股份有限公司在2016年10月19日至其起诉之日的全部会计账簿、会计凭证、会计报表的诉讼请求，没有法律依据，合伙协议也未作出约定，吴敏的该请求缺乏法律和事实依据，本院不予支持。

◆ 第四十九条　除名退伙

合伙人有下列情形之一的，经其他合伙人一致同意，可以决议将其除名：

（一）未履行出资义务；

（二）因故意或者重大过失给合伙企业造成损失；

（三）执行合伙事务时有不正当行为；

（四）发生合伙协议约定的事由。

对合伙人的除名决议应当书面通知被除名人。被除名人接到除名通知之日，除名生效，被除名人退伙。

被除名人对除名决议有异议的，可以自接到除名通知之日起三十日内，向人民法院起诉。

名词解释

除名退伙，是指在合伙企业存续期间，当某一合伙人出现法定事由或者合伙协议约定的事由时，其他合伙人一致同意将该合伙人开除出合伙企业，而使其丧失合伙人资格。某一合伙人有权利选择不与其他合伙人合作，而进行自愿退伙；其他合伙人当然也有权利选择不与某一合伙人合作，而进行除名退伙。但是，除名退伙毕竟是多数合伙人强制剥夺个别合伙人的合伙人资格的行为，应当慎重，否则就有可能产生多数合伙人联合起来排挤少数合伙人的情况，损害少数合伙人的利益。因此，法律规定，只有在出现《中华人民共和国合伙企业法》第四十九条规定的法定事由时，其他合伙人一致同意，才能以除名退伙的方式让某一合伙人退出合伙企业。

典型案例

曲敬东与上海德丰杰龙升创业投资管理中心、上海龙优投资管理有限公司其他合伙企业纠纷二审民事判决书①

裁判要旨：关于争议焦点三，曲敬东能否就2020年6月15日之

① 上海市第二中级人民法院（2021）沪02民终8985号。

后的财务资料行使知情权。根据《中华人民共和国合伙企业法》第四十九条第三款规定，曲敬东若对2020年6月15日形成的针对其的除名决议存在异议，应当在收到除名通知的30日之内向人民法院起诉进行救济。然而，曲敬东并未于法定期限内起诉，故一审法院判定除名决议生效，曲敬东于2020年6月16日退伙，对退伙后的财务资料不享有知情权并无不当。

◆ 第五十条 合伙人死亡或者被宣告死亡后其财产份额的处理

合伙人死亡或者被依法宣告死亡的，对该合伙人在合伙企业中的财产份额享有合法继承权的继承人，按照合伙协议的约定或者经全体合伙人一致同意，从继承开始之日起，取得该合伙企业的合伙人资格。

有下列情形之一的，合伙企业应当向合伙人的继承人退还被继承合伙人的财产份额：

（一）继承人不愿意成为合伙人；

（二）法律规定或者合伙协议约定合伙人必须具有相关资格，而该继承人未取得该资格；

（三）合伙协议约定不能成为合伙人的其他情形。

合伙人的继承人为无民事行为能力人或者限制民事行为能力人的，经全体合伙人一致同意，可以依法成为有限合伙人，普通合伙企业依法转为有限合伙企业。全体合伙人未能一致同意的，合伙企业应当将被继承合伙人的财产份额退还该继承人。

实用问答

1. 在法定继承中，遗产的继承顺序是什么？

答： 根据《中华人民共和国民法典》第一千一百二十七条的规定，遗产按照下列顺序继承：（1）第一顺序：配偶、子女、父母；（2）第二顺序：兄弟姐妹、祖父母、外祖父母。

继承开始后，由第一顺序继承人继承，第二顺序继承人不继承；没有第一顺序继承人继承的，由第二顺序继承人继承。

子女，包括婚生子女、非婚生子女、养子女和有扶养关系的继子女。

父母，包括生父母、养父母和有扶养关系的继父母。

兄弟姐妹，包括同父母的兄弟姐妹、同父异母或者同母异父的兄弟姐妹、养兄弟姐妹、有扶养关系的继兄弟姐妹。

2. 继承人存在哪些行为时，会丧失继承权？

答： 根据《中华人民共和国民法典》第一千一百二十五条的规定，继承人有下列行为之一的，丧失继承权：（1）故意杀害被继承人；（2）为争夺遗产而杀害其他继承人；（3）遗弃被继承人，或者虐待被继承人情节严重；（4）伪造、篡改、隐匿或者销毁遗嘱，情节严重；（5）以欺诈、胁迫手段迫使或者妨碍被继承人设立、变更或者撤回遗嘱，情节严重。

继承人有上述第三项至第五项行为，确有悔改表现，被继承人表示宽恕或者事后在遗嘱中将其列为继承人的，该继承人不丧失继承权。

受遗赠人有上述第一项至第五项行为的，丧失受遗赠权。

3. 个人合伙成员在从事经营活动中不慎死亡，其他成员应否承担民事责任？

答： 根据《最高人民法院关于个人合伙成员在从事经营活动中

不慎死亡其他成员应否承担民事责任问题的批复》的规定，据报告称：贾国仁、贾国满兄弟二人合伙经营汽车运输，雇司机开车，兄弟二人轮流领车运输。时值贾国满领车拉白灰，当其指挥倒车挂斗车时，由于雨后路滑，刹车后汽车仍向后滑动，贾国满被挤身亡。经查，司机对此事故没有责任。贾国满之妻苏文雅要求贾国仁给以经济补偿，承担她女儿的抚恤费用。一、二审法院判决由贾国仁按分成比例承担抚恤金 1654 元。

研究认为，贾国满在兄弟二人合伙经营的汽车运输活动中，不慎被车挤死，对这次事故的发生，贾国仁没有过错，不应负赔偿责任。但贾国满为合伙人的共同利益，在经营运输活动中，不慎被车挤死，其兄作为合伙经营的受益人之一，给予死者家属适当的经济补偿，既合情理，也符合有关法律规定的精神。至于具体补偿多少，根据实际情况酌定。

典型案例

吉林开祥律师事务所与顾娜合伙协议纠纷一审民事判决书①

裁判要旨：吕丽恩、邹吉、蔡璐达成的《吉林开祥律师事务所合伙人协议》系合同当事人的真实意思表示，内容亦不违反法律强制性规定，合法有效。协议约定合伙人出现死亡之情形即视为该合伙人当然退伙。按照《居民死亡医学证明（推断）书》记载，吕丽恩于 2020 年 4 月 8 日死亡，则自该日起，吕丽恩当然退伙。协议约定其合法继承人有

---

① 吉林省长春市南关区人民法院（2021）吉 0102 民初 372 号。

权取得被继承人死亡时在该律师事务所中应当分得的财产和其他财产收益，合伙人的其他权益不得继承。即吕丽恩继承人顾娜可继承吕丽恩应分得的财产收益，但不能继承吕丽恩的合伙人身份。故对开祥律师事务所主张判令顾娜不具备继承合伙人资格的诉讼请求予以支持。关于除合伙人身份权益之外的财产权益，合伙人协议并未将认缴出资作为取得合伙人身份的合同要件，且签订协议的几个人均未履行出资义务，故不能以未出资为由否定吕丽恩的合伙人身份。合伙协议签订之后至吕丽恩身故之前取得的财产，顾娜有权利继承。其他合伙人应当依法按照退伙时的合伙企业财产状况进行结算，退还吕丽恩的财产份额。

◆ 第五十一条　退伙结算

合伙人退伙，其他合伙人应当与该退伙人按照退伙时的合伙企业财产状况进行结算，退还退伙人的财产份额。退伙人对给合伙企业造成的损失负有赔偿责任的，相应扣减其应当赔偿的数额。

退伙时有未了结的合伙企业事务的，待该事务了结后进行结算。

实用问答

1. 如何计算退伙人在合伙企业中享有的财产份额？

答：在对合伙企业财产进行结算的基础上，根据退伙人在合伙企业中应享有的财产份额的比例，计算出应退还的财产份额。退伙人在合伙企业中应享有的财产份额的计算，可以参照《中华人民共和国合伙企业法》第八十九条关于合伙企业解散清算时返还合伙人财产的做法，即首先应当依据合伙协议的约定执行；如果合伙协议没有约定或者约定不明确，由合伙人协商决定；协商不成的，按照合伙人的实缴出资比例确定；无法确定出资比例的，则按照合伙人人数平均，确定其财产份额。

2. 如果退伙人不存在了，如何进行退伙结算？

答：合伙人退伙时，其他合伙人应当与退伙人一起对合伙企业的财产状况进行结算。不论退伙人是因为什么原因退伙，都有权参与退伙结算，以保证退伙结算公平、公正地进行。如果退伙人不存在了，如死亡或者被宣告死亡，可以由其继承人参与退伙结算。

3. 退伙时间如何确定？

答：在进行退伙结算时，以退伙人退伙时的合伙企业财产状况为准。合伙企业运营期间，其财产状况是不断变化的，而退伙结算需要以确定的财产情况为依据。因此，在发生退伙时，合伙企业要进行结算，清理债权债务，并按照法律规定以退伙生效的时间为准，计算合伙企业的财产状况。对于退伙时间的确定，应按照法律或者合伙协议的约定执行。如按照《中华人民共和国合伙企业法》的有关规定，法定退伙的生效时间是法定退伙事由实际发生之日，除名退伙的生效时间是被除名人接到除名通知之日。至于自愿退伙的生效时间，法律没有作出明确规定，可以由合伙协议约定；如果合伙协议没有约定，可以由合伙人协商确定。

典型案例

郑晓清与林均、江海区惠嘉电器商店合伙合同纠纷一案民事二审判决书[①]

裁判要旨：关于涉案合伙关系是否存在合伙财产可供分配的问题：一审期间，原审法院依郑晓清申请委托江门市某2会计师事务所有限公司对惠嘉电器商店自2016年5月1日至2019年11月30日止的资产、负债、利润进行审计。因双方未提供惠嘉电器商店上述期间的所有销售账册、采购单据、支付上游客户货款的支付凭证、房租水电收据、工资发放等检材，无法审计出惠嘉电器商店的资产、负债、利润的真实情况。惠嘉电器商店系由合伙双方共同执行合伙事务，故不能提供上述检材进行司法审计系双方共同责任，并非林均的个人责任。惠嘉电器商店虽尚未注销，但已停止经营；且据广州市中级人民法院（2019）粤01民终12798号民事判决显示，惠嘉电器商店对案外人某1广州公司负有748757元货款及利息未清偿。因郑晓清与林均组成的个人合伙使用惠嘉电器商店的字号进行经营，与自然人组成的合伙企业实质内容区别不大，在个人合伙没有相关法律规定的情形下，原审判决参照《中华人民共和国合伙企业法》第五十一条关于退伙时有未了结的合伙企业事务的，待该事务了结后进行结算的规定处理本案合伙事务的结算，并无不当。原审判决并无直接适用上述规定，郑晓清上诉称一审判决适用上述规定导致适用法律错误的理由不成立，本院不予支持。惠嘉电器商店对外负有748757元债

---

① 广东省江门市中级人民法院（2021）粤07民终261号。

务本金及利息未偿还的事实清楚，郑晓清亦未能提供证据证明惠嘉电器商店仍存有合伙财产可供分配，其请求分配合伙盈余330681元的上诉请求无事实和法律依据，本院不予采纳。

◆ 第五十二条　财产份额退还办法

退伙人在合伙企业中财产份额的退还办法，由合伙协议约定或者由全体合伙人决定，可以退还货币，也可以退还实物。

◆ 第五十三条　退伙人分担合伙企业债务

退伙人对基于其退伙前的原因发生的合伙企业债务，承担无限连带责任。

典型案例

赛伯乐绿科（深圳）投资管理有限公司与北京赛伯乐绿科投资管理有限公司等退伙纠纷二审民事判决书[①]

裁判要旨：《中华人民共和国合伙企业法》第二条第三款规定，有限合伙企业由普通合伙人和有限合伙人组成，普通合伙人对合伙企业债务承担无限连带责任，有限合伙人以其认缴的出资额为限对合伙企业债务承担责任。第五十三条规定，退伙人对基于其退伙前的原因发生的合伙企业债务，承担无限连带责任。新余铭沃中心对华隆公司的上述债

① 北京市第一中级人民法院（2021）京01民终1768号。

务产生时，赛伯乐绿科（深圳）投资管理有限公司系新余铭沃中心的普通合伙人，虽赛伯乐绿科（深圳）投资管理有限公司于2018年7月17日退伙，但其仍应对退伙前的原因发生的合伙企业债务承担无限连带责任。现华隆公司要求赛伯乐绿科（深圳）投资管理有限公司对新余铭沃中心的应付债务承担连带责任，有事实及法律依据，一审法院予以支持。赛伯乐绿科（深圳）投资管理有限公司以新余铭沃中心系由北京赛伯乐绿科投资管理有限公司管理运营、利海项目系由北京赛伯乐绿科投资管理有限公司具体运作、其已经从新余铭沃中心退伙为由不同意对新余铭沃中心的债务承担连带责任，缺乏法律依据，一审法院不予支持。

◆ 第五十四条　退伙人分担合伙企业亏损

合伙人退伙时，合伙企业财产少于合伙企业债务的，退伙人应当依照本法第三十三条第一款的规定分担亏损。

实用问答

合伙人退伙时，合伙企业财产少于合伙企业债务的，退伙人如何分担亏损？

答：退伙结算时，依照退伙时合伙企业的财产状况确定应退还给退伙人的财产份额。而合伙企业的财产是多种多样的，既包括企业的正资产如固定资产、库存货物、存款、应收账款等，也包括企业的负资产如贷款、应付货款等，合伙企业的正负资产之和为企业的净资产额。如果退伙时合伙企业的净资产额大于零，用该净资产的数额乘以退伙人应占的财产份额比例，即得到应当退还给退伙人的财产数额。如果退伙时合伙企业的净资产额小于零，就表明合伙企业的财产少于合伙企业的债务，合伙企业处于亏损状态。此时退伙人不但不能得到财产份额的返还，还要弥补合伙企业的亏损，按照其应分担的部分向合伙企业交付财产。这是由合伙企业由全体合伙人共担风险的性质决定的。

具体来说，合伙人退伙时，合伙企业财产少于合伙企业债务的，退伙人应当依照《中华人民共和国合伙企业法》第三十三条第一款的规定分担亏损，即：其亏损分担比例，按照合伙协议的约定办理；合伙协议未约定或者约定不明确的，由合伙人协商决定；协商不成的，由合伙人按照实缴出资比例分担；无法确定出资比例的，由合伙人平均分担。

第六节　特殊的普通合伙企业

◆ 第五十五条　特殊的普通合伙企业的定义、适用范围及适用法律

以专业知识和专门技能为客户提供有偿服务的专业服务机构，可以设立为特殊的普通合伙企业。

特殊的普通合伙企业是指合伙人依照本法第五十七条的规定承担责任的普通合伙企业。

特殊的普通合伙企业适用本节规定；本节未作规定的，适用本章第一节至第五节的规定。

◆ 第五十六条　特殊的普通合伙企业名称

特殊的普通合伙企业名称中应当标明“特殊普通合伙”字样。

实用问答

对不同类型的合伙企业的名称有什么特殊要求？

答：合伙企业包括普通合伙企业和有限合伙企业，在普通合伙企业中，还有特殊的普通合伙企业。

不同性质的合伙企业，其合伙人的责任形式是不相同的。比如，普通合伙企业的全体合伙人对合伙企业债务承担无限连带责任；有限合伙企业的普通合伙人对合伙企业债务承担无限连带责任，有限合伙人仅以其出资额为限承担责任；在特殊的普通合伙企业中，因故意或重大过失造成合伙企业债务的合伙人承担无限连带责任，其他合伙人以其在合伙企业中的财产份额为限承担责任。

为了让交易相对人能从合伙企业的名称中直接了解合伙人承担责任的形式，保护交易安全，《中华人民共和国合伙企业法》要求普通合伙企业应当在其名称中标明“普通合伙”字样；有限合伙企业应当在其名称中标明“有限合伙”字样；特殊的普通合伙企业在其名称中应当标明“特殊普通合伙”字样。

◆ 第五十七条　特殊的普通合伙企业合伙人责任

一个合伙人或者数个合伙人在执业活动中因故意或者重大过失造成合伙企业债务的，应当承担无限责任或者无限连带责任，其他合伙人以其在合伙企业中的财产份额为限承担责任。

合伙人在执业活动中非因故意或者重大过失造成的合伙企业债务以及合伙企业的其他债务，由全体合伙人承担无限连带责任。

名词解释

一个合伙人承担无限责任，是指特殊的普通合伙企业的合伙人在执业活动中因故意或者重大过失造成合伙企业债务的，合伙人为1人时，合伙人不仅以其对合伙的出资承担责任，还要以其全部财产承担责任。

数个合伙人承担无限连带责任，是指特殊的普通合伙企业的合伙人在执业活动中因故意或者重大过失造成合伙企业债务的，合伙人为数人时，合伙人不仅承担无限责任，而且合伙人之间是互相连带的，债权人可以向任何一个合伙人要求实现其全部债权。

其他合伙人以其在合伙企业中的财产份额为限承担责任，是指在特殊的普通合伙企业中，对于其他没有故意或者重大过失的合伙人，其对有责任的合伙人行为造成的该项合伙企业的债务，仅以其在合伙企业中的财产份额为限承担责任。

◆ 第五十八条　因故意或重大过失引起合伙企业债务的合伙人按照合伙协议的约定，对由此给合伙企业造成的损失承担赔偿责任

合伙人执业活动中因故意或者重大过失造成的合伙企业债务，以合伙企业财产对外承担责任后，该合伙人应当按照合伙协议的约定对给合伙企业造成的损失承担赔偿责任。

◆ 第五十九条　特殊的普通合伙企业替代赔偿措施

特殊的普通合伙企业应当建立执业风险基金、办理职业保险。

执业风险基金用于偿付合伙人执业活动造成的债务。执业风险基金应当单独立户管理。具体管理办法由国务院规定。

第三章　有限合伙企业

◆ 第六十条　有限合伙企业及其合伙人适用的法律

有限合伙企业及其合伙人适用本章规定；本章未作规定的，适用本法第二章第一节至第五节关于普通合伙企业及其合伙人的规定。

名词解释

有限合伙，是由普通合伙发展而来的一种合伙形式。二者的主要区别是，普通合伙的全体合伙人（普通合伙人）负责合伙的经营管理，并对合伙债务承担无限连带责任。有限合伙由两种合伙人组成：一是普通合伙人，负责合伙的经营管理，并对合伙债务承担无限连带责任；二是有限合伙人，通常不负责合伙的经营管理，并仅以其认缴的出资额为限对合伙债务承担有限责任。

◆ 第六十一条　有限合伙企业合伙人人数

有限合伙企业由二个以上五十个以下合伙人设立；但是，法律另有规定的除外。

有限合伙企业至少应当有一个普通合伙人。

◆ 第六十二条　有限合伙企业名称

有限合伙企业名称中应当标明“有限合伙”字样。

◆ 第六十三条　有限合伙企业合伙协议的特别规定

合伙协议除符合本法第十八条的规定外，还应当载明下列事项：

（一）普通合伙人和有限合伙人的姓名或者名称、住所；

（二）执行事务合伙人应具备的条件和选择程序；

（三）执行事务合伙人权限与违约处理办法；

（四）执行事务合伙人的除名条件和更换程序；

（五）有限合伙人入伙、退伙的条件、程序以及相关责任；

（六）有限合伙人和普通合伙人相互转变程序。

◆ 第六十四条　有限合伙人的出资形式

有限合伙人可以用货币、实物、知识产权、土地使用权或者其他财产权利作价出资。

有限合伙人不得以劳务出资。

名词解释

实物出资，即有限合伙人以各种动产、不动产等实物作为对合伙企业的出资。有限合伙人作为出资的实物应当是可以依法转让的，法律禁止转让的实物以及依照其性质不能转让的实物，不能作为出资。同时，有限合伙人作为出资的实物必须是对合伙企业的设立和运行有用的，对合伙企业无用的实物也不得作为出资。

作价，即有限合伙人以非货币财产出资时，为了确定这些出资的真实货币价格，对其进行的价值评估。有限合伙企业中的有限合伙人仅以其出资额为限对合伙企业债务承担责任，其地位类似于公司的股东。有限合伙人的具体出资数额，对交易相对人判断合伙企业的经营规模和经济实力是很重要的。因此，有限合伙人的出资应当以货币的形式表现出来。所以，有限合伙人以实物、知识产权、土地使用权以及其他财产权利出资的，其出资表现为物质形式或者权利形式，就需要评估作价。这是有限合伙人的出资在法律要求上不同于普通合伙人的地方，有限合伙企业中的普通合伙人以非货币财产出资的，法律不强制其进行作价。

◆ 第六十五条　有限合伙人应当按期缴纳出资

有限合伙人应当按照合伙协议的约定按期足额缴纳出资；未按期足额缴纳的，应当承担补缴义务，并对其他合伙人承担违约责任。

实用问答

普通合伙企业的全体合伙人未按期足额缴纳出资的，需要承担补缴义务吗？

答：《中华人民共和国合伙企业法》规定，有限合伙人应当按照合伙协议的约定按期足额缴纳出资；未按期足额缴纳的，应当承担补缴义务。这是由有限合伙企业的性质决定的，有限合伙人的出资不仅是合伙企业能否正常经营、合伙目的能否达到的经济基础，更重要的是构成有限合伙人的责任界限，有限合伙人未能按期足额缴纳出资，将直接影响企业的运行，并影响到有限合伙企业债权人的利益。

但是法律对普通合伙企业的合伙人未规定应当承担补缴义务，

主要是因为：普通合伙企业的全体合伙人未按期足额缴纳出资的，直接影响的是合伙企业的经营条件，对外承担债务责任并不受影响，全体合伙人都必须以个人财产承担无限连带责任。因此，法律不需强制其承担补缴义务，可以通过削减该合伙人的财产份额、追究该合伙人的违约责任或者将该合伙人除名等方式加以解决。

◆ 第六十六条　有限合伙企业登记事项

有限合伙企业登记事项中应当载明有限合伙人的姓名或者名称及认缴的出资数额。

实用问答

某公司不是合伙企业的合伙人，但在合伙企业登记事项中被登记为合伙人，合伙企业的债权人就可以据此要求其对合伙企业债务承担无限连带责任吗？

答：设立合伙企业，应当向企业登记机关申请；企业登记机关认为符合法律规定的，予以登记并发营业执照。企业登记事项发生变更的，应当及时到企业登记机关办理变更登记。企业的有关情况在企业登记机关登记注册后，即具有法律效力，交易相对人以企业登记事项为准，对企业情况进行判断，并依据企业登记事项向合伙企业及合伙人主张权利。某公司不是合伙企业的合伙人，但在合伙企业登记事项中被登记为合伙人，合伙企业的债权人就可以据此要求其对合伙企业债务承担无限连带责任，该公司不得拒绝。这是从维护交易安全角度出发作出的规定。

◆ 第六十七条　有限合伙企业事务的执行

有限合伙企业由普通合伙人执行合伙事务。执行事务合伙人可以要求在合伙协议中确定执行事务的报酬及报酬提取方式。

实用问答

有限合伙企业的普通合伙人在执行合伙事务时，应遵守哪些执行事务的规定？

答：有限合伙企业的普通合伙人在执行合伙事务时，应遵守《中华人民共和国合伙企业法》关于普通合伙企业合伙人执行事务的规定，如：全体普通合伙人对执行合伙事务享有同等的权利；按照合伙协议的约定或者经全体普通合伙人决定，可以委托一个或者数个普通合伙人对外代表合伙企业，执行合伙事务，其他普通合伙人不再执行合伙事务但有权监督执行事务合伙人执行合伙事务的情况；由一个或者数个普通合伙人执行合伙事务的，执行事务合伙人应当定期向其他合伙人报告事务执行情况以及合伙企业的经营和财务状况；普通合伙人分别执行合伙事务的，执行事务合伙人可以对其他合伙人执行的事务提出异议，暂停该项事务的执行，等等。

◆ 第六十八条　有限合伙人不执行合伙事务

有限合伙人不执行合伙事务，不得对外代表有限合伙企业。

有限合伙人的下列行为，不视为执行合伙事务：

（一）参与决定普通合伙人入伙、退伙；

（二）对企业的经营管理提出建议；

（三）参与选择承办有限合伙企业审计业务的会计师事务所；

（四）获取经审计的有限合伙企业财务会计报告；

（五）对涉及自身利益的情况，查阅有限合伙企业财务会计账簿等财务资料；

（六）在有限合伙企业中的利益受到侵害时，向有责任的合伙人主张权利或者提起诉讼；

（七）执行事务合伙人怠于行使权利时，督促其行使权利或者为了本企业的利益以自己的名义提起诉讼；

（八）依法为本企业提供担保。

典型案例

曲敬东与上海德丰杰龙升创业投资管理中心、上海龙优投资管理有限公司其他合伙企业纠纷二审民事判决书①

裁判要旨：关于争议焦点一，曲敬东作为有限合伙人行使知情权的客体范围是否包含经审计的财务会计报告以及德丰杰龙升创业投资管理中心签订的所有合同。首先，针对财务会计报告。根据《中华人民共和国合伙企业法》第六十八条第二款第四项及第五项可知，曲敬东固然有权获取德丰杰龙升创业投资管理中心经审计的财务会计报告，但曲敬东主动请求查阅经审计的财务会计报告，须以“经审计的财务会计报告”客观存在为基本前提。德丰杰龙升创业投资管理中心作为一家合法设立存续的合伙企业，制备财务会计报告当属必然，但是否皆为“经审

① 上海市第二中级人民法院（2021）沪02民终8985号。

计的财务会计报告”，尚有疑问。现无初步证据显示“经审计的财务会计报告”客观存在，故一审法院未对财务会计报告作出“经审计”这一限定，并无不当。曲敬东依据私募基金相关规定主张德丰杰龙升创业投资管理中心有义务依法对财务会计报告进行审计，其中所涉财务会计报告系案外人上海德丰杰龙升创业投资合伙企业（有限合伙）的财务会计报告。一审法院判决曲敬东可查询德丰杰龙升创业投资管理中心的财务会计报告并无不当。其次，针对德丰杰龙升创业投资管理中心的合同。曲敬东于一审中诉请由龙优投资管理有限公司向其提供，一审法院认为曲敬东行使知情权的义务主体应为合伙企业，而非执行事务合伙人，故对曲敬东的主张不予支持。现曲敬东于二审中上诉请求将提供合同的主体变更为德丰杰龙升创业投资管理中心，根据民事诉讼法相关规定，属于新增诉请。不属于本案二审审理范围。

◆ 第六十九条　有限合伙企业利润分配的特别规定

有限合伙企业不得将全部利润分配给部分合伙人；但是，合伙协议另有约定的除外。

◆ 第七十条　有限合伙人可以同本企业进行交易

有限合伙人可以同本有限合伙企业进行交易；但是，合伙协议另有约定的除外。

实用问答

1. 普通合伙企业的合伙人可以同本企业进行交易吗？

答：在普通合伙企业，全体合伙人都享有平等执行合伙事务的权利。除非合伙协议约定或者全体合伙人决定委托 1 个或者数个合伙人对外代表合伙企业、执行合伙事务，否则，每个合伙人都可以单独地对外代表合伙企业、执行合伙事务。这是由普通合伙企业由全体合伙人共同出资、共同经营、共担风险、共享收益的性质决定的。基于普通合伙企业的这一特点，如果合伙人在执行合伙事务时，可以同自己进行交易，则不可避免地带来道德风险：普通合伙人在交易时同时代表着合伙企业和自己的利益，在两种利益不能兼顾的情况下，合伙人必然首先维护自己的利益，这就可能损害合伙企业和其他合伙人的利益。因此，除非其他合伙人均同意，普通合伙企业的合伙人在一般情况下是不得同本企业进行交易的。因此，《中华人民共和国合伙企业法》对普通合伙企业的合伙人同本企业进行交易进行了限制，第三十二条第二款明确规定：除合伙协议另有约定或者经全体合伙人一致同意外，普通合伙企业的合伙人不得同本合伙企业进行交易。

2. 有限合伙企业中的普通合伙人可以同本企业进行交易吗？

答：有限合伙企业中的普通合伙人要受《中华人民共和国合伙企业法》第三十二条第二款的限制，即除合伙协议另有约定或者经全体合伙人一致同意外，有限合伙企业中的普通合伙人不得同本合伙企业进行交易。

◆ 第七十一条 允许有限合伙人同业竞争

有限合伙人可以自营或者同他人合作经营与本有限合伙企业相竞争的业务；但是，合伙协议另有约定的除外。

实用问答

1. 对普通合伙企业的合伙人，有竞业禁止的规定吗？

答：在普通合伙企业，除非合伙协议约定或者全体合伙人决定委托1个或者数个合伙人对外代表合伙企业、执行合伙事务，否则，每个合伙人都可以单独地对外代表合伙企业、执行合伙事务。如果允许合伙人自营或者同他人合作经营与本企业相竞争的业务，就会使合伙企业与合伙人自营或合作经营的企业处于竞争状态，两个企业的利益是对立的。当合伙人遇到某一个商业机会时，是交由合伙企业负责，还是交由其自营或者与他人合作经营的企业负责，必然会有所选择，产生道德风险，并可能损害合伙企业和其他合伙人的利益。因此，必须限制普通合伙企业合伙人的行为，使其不与合伙企业在同一业务范围内竞争。

因此，《中华人民共和国合伙企业法》第三十二条第一款明确规定：普通合伙企业的合伙人不得自营或者同他人合作经营与本合伙企业相竞争的业务。

2. 对有限合伙企业中的普通合伙人，有竞业禁止的规定吗？

答：有限合伙企业中的普通合伙人要受《中华人民共和国合伙企业法》第三十二条第一款的限制，即有限合伙企业中的普通合伙人不得自营或者同他人合作经营与本合伙企业相竞争的业务。

◆ 第七十二条　有限合伙人可以出质其财产份额

有限合伙人可以将其在有限合伙企业中的财产份额出质；但是，合伙协议另有约定的除外。

实用问答

1. 设立质权，当事人应当采用书面形式订立质押合同，质押合同一般包括哪些条款？

答：根据《中华人民共和国民法典》第四百二十七条的规定，

设立质权，当事人应当采用书面形式订立质押合同。质押合同一般包括下列条款：（1）被担保债权的种类和数额；（2）债务人履行债务的期限；（3）质押财产的名称、数量等情况；（4）担保的范围；（5）质押财产交付的时间、方式。

2. 有限合伙人出质其财产份额后，当其不能清偿债务时，可能发生什么情形？

答：有限合伙人不执行合伙事务，对合伙企业出资后，仅以其出资额为限对合伙企业债务承担有限责任。对于有限合伙企业来说，重要的不是有限合伙人的经营能力、信用等个人情况，而是有限合伙人的出资；只要有限合伙人的出资仍然存在于企业，严格意义上说，具体的有限合伙人是谁对有限合伙企业来说影响不大。

合伙人以其在合伙企业中的财产份额出质的，当其不能清偿债务时，债权人就可以依法行使质权，将该财产份额折价或者进行拍卖、变卖。如果合伙人是以全部财产份额出质的，不论债权人以何种方式行使质权，最终的结果都是对合伙人全部财产份额的强制转让，并可能导致新的合伙人加入合伙企业。

3. 普通合伙企业的合伙人可以出质财产份额吗？

答：普通合伙企业强调人合性，所有合伙人是基于相互信赖走到一起的，若随便允许合伙人个人的债权人通过行使质权进入合伙企业成为合伙人，既对合伙企业不利，也违背其他合伙人的意愿。因此，对普通合伙企业的合伙人出质财产份额是限制的。《中华人民共和国合伙企业法》第二十五条规定，普通合伙企业的合伙人以其在合伙企业中的财产份额出质的，必须经其他合伙人一致同意；未经其他合伙人一致同意，其行为无效，由此给善意第三人造成损失的，由行为人依法承担赔偿责任。

4. 有限合伙企业中的普通合伙人可以出质财产份额吗？

答：有限合伙企业中的普通合伙人出质财产份额的，要受《中华人民共和国合伙企业法》第二十五条的约束，即有限合伙企业中的普通合伙人以其在合伙企业中的财产份额出质的，必须经其他合伙人一致同意；未经其他合伙人一致同意，其行为无效，由此给善意第三人造成损失的，由行为人依法承担赔偿责任。

◆ 第七十三条　有限合伙人向合伙人以外的人转让财产份额

有限合伙人可以按照合伙协议的约定向合伙人以外的人转让其在有限合伙企业中的财产份额，但应当提前三十日通知其他合伙人。

◆ 第七十四条　有限合伙人的自有财产不足清偿个人债务时，以其从合伙企业中分取的收益或者以其在合伙企业中的财产份额清偿

有限合伙人的自有财产不足清偿其与合伙企业无关的债务的，该合伙人可以以其从有限合伙企业中分取的收益用于清偿；债权人也可以依法请求人民法院强制执行该合伙人在有限合伙企业中的财产份额用于清偿。

人民法院强制执行有限合伙人的财产份额时，应当通知全体合伙人。在同等条件下，其他合伙人有优先购买权。

名词解释

优先购买权利人，不仅限于合伙企业的其他有限合伙人，合伙企业的普通合伙人同样享有优先购买权。其他合伙人的优先购买权，

只有在同等条件下才能行使。其他合伙人不能以低于合伙人以外的人的购买价格，优先购买该财产份额。这是为了防止发生有限合伙人将其财产份额廉价出卖给其他合伙人，而损害其债权人利益的情况。

◆ 第七十五条　有限合伙企业解散及类型变通

有限合伙企业仅剩有限合伙人的，应当解散；有限合伙企业仅剩普通合伙人的，转为普通合伙企业。

实用问答

若有限合伙企业只有 1 个普通合伙人，当所有的有限合伙人都退出合伙，只剩下该普通合伙人时，该有限合伙企业将何去何从？

答：有限合伙企业仅剩普通合伙人的，转为普通合伙企业。但有的有限合伙企业只有 1 个普通合伙人，当所有的有限合伙人都退出合伙，只剩下该普通合伙人时，由于普通合伙企业必须由 2 个以上的合伙人设立，这时的有限合伙企业不能转为普通合伙企业，而是应当解散。同时，当有限合伙企业剩下的普通合伙人为 2 人以上，但这些普通合伙人不愿意再继续合作下去的，有限合伙企业也可以直接解散。

◆ 第七十六条　有限合伙人在特定情况下对合伙企业债务承担无限连带责任

第三人有理由相信有限合伙人为普通合伙人并与其交易的，该有限合伙人对该笔交易承担与普通合伙人同样的责任。

有限合伙人未经授权以有限合伙企业名义与他人进行交易，给有限合伙企业或者其他合伙人造成损失的，该有限合伙人应当承担赔偿责任。

实用问答

1. 第三人要求有限合伙人对合伙企业债务承担无限连带责任的，应当如何举证？

答：第三人要求有限合伙人对合伙企业债务承担无限连带责任的，应当负有举证责任。即第三人应当证明：有理由相信有限合伙人为普通合伙人；相信该有限合伙人是在代表合伙企业同自己进行交易；基于这一判断同执行合伙事务的有限合伙人发生了交易。对于使第三人产生误认的理由，应当是合理的，并且应当有证据证明。

2. 如果有限合伙人经其他合伙人的授权、以有限合伙企业名义与他人进行交易，对于给合伙企业或者其他合伙人造成的损失，该有限合伙人是否承担赔偿责任？

答：如果有限合伙人以有限合伙企业名义与他人进行的交易是经过其他合伙人授权的，则这表明其他合伙人对有限合伙人违反承诺的行为予以同意，即使该有限合伙人给合伙企业或者其他合伙人造成了损失，该有限合伙人也不承担赔偿责任。但其他合伙人的授权并不能免除有限合伙人对合伙企业债权人的责任，即使有限合伙人以有限合伙企业名义与他人进行的交易是经过授权的，如果第三人有理由相信有限合伙人为普通合伙人并与之交易，该有限合伙人仍然要对因此产生的合伙企业债务承担无限连带责任。①

---

① 参见全国人大常委会法工委编：《中华人民共和国合伙企业法释义》，法律出版社2006年版。

◆ 第七十七条 新入伙的有限合伙人的责任承担

新入伙的有限合伙人对入伙前有限合伙企业的债务，以其认缴的出资额为限承担责任。

实用问答

合伙企业用全部企业财产，包括新有限合伙人的出资向合伙企业的债权人清偿债务后，新有限合伙人能追偿吗？

答：合伙企业的债务包括新有限合伙人入伙前的合伙企业债务，要先用合伙企业财产进行清偿，而合伙企业财产包括所有合伙人的出资和合伙企业的收益。所以不能扣除新入伙的有限合伙人的出资对合伙企业债务进行清偿，否则对合伙企业债权人的保护不利。

新入伙的有限合伙人加入合伙企业后，对入伙前有限合伙企业的债务，以其认缴的出资额为限承担责任。即使入伙协议中约定新有限合伙人对入伙前合伙企业债务不承担责任，也不能对抗合伙企业的债权人。

在这种情况下，在合伙企业用全部企业财产包括新有限合伙人的出资向合伙企业的债权人清偿债务后，新有限合伙人有权依据入伙协议的约定要求合伙企业的原合伙人承担相应责任。①

◆ 第七十八条 有限合伙人法定退伙

有限合伙人有本法第四十八条第一款第一项、第三项至第五项所列情形之一的，当然退伙。

---

① 参见全国人大常委会法工委编：《中华人民共和国合伙企业法释义》，法律出版社2006年版。

实用问答

有限合伙人丧失偿债能力会必然导致其退伙吗?

答: 有限合伙人丧失偿债能力不是有限合伙人的法定退伙情形，不会必然导致其退伙。这是由有限合伙企业的特点决定的：在有限合伙企业中，有限合伙人仅以其认缴的出资额为限对合伙企业债务承担责任，在按期足额缴纳出资后，对有限合伙企业债务不再承担任何责任。因此，在合伙企业存续期间，有限合伙人个人的偿债能力对于合伙企业的正常运营是没有影响的，法律也没有因为有限合伙人个人丧失偿债能力而强制剥夺其合伙人资格。

◆ 第七十九条　自然人有限合伙人丧失民事行为能力，其他合伙人不得要求其退伙

作为有限合伙人的自然人在有限合伙企业存续期间丧失民事行为能力的，其他合伙人不得因此要求其退伙。

实用问答

1. 设立有限合伙企业时，有限合伙人为自然人的，应当具有完全民事行为能力吗?

答: 设立有限合伙企业，需要有限合伙人和普通合伙人在协商一致的基础上订立合伙协议。无民事行为能力人或者限制民事行为能力人，没有缔约能力或者缔约能力不完全，无法参与有限合伙企业的设立。因此，有限合伙人同样适用《中华人民共和国合伙企业法》第十四条的规定，设立有限合伙企业时，有限合伙人为自然人的，应当具有完全民事行为能力。

2. 如果合伙协议中将有限合伙人丧失民事行为能力作为退伙的事由，其他合伙人在有限合伙人丧失民事行为能力时可以要求有限合伙人退伙吗?

答：在有限合伙企业存续期间，有限合伙人不执行合伙事务，不对外代表合伙企业，其有无行为能力对合伙企业的经营不会产生实质性影响。同时，有限合伙企业是有限合伙人财力和普通合伙人人力的结合，有限合伙人的出资是合伙企业存在和运营的基础，也是合伙企业承担债务的基础。如果作为有限合伙人的自然人在有限合伙企业存续期间丧失民事行为能力，而其他合伙人因此要求其退伙，则可能影响合伙企业的正常经营，甚至会导致合伙企业的解散，对有限合伙企业债权人利益的保护也是不利的。此外，在使用有限合伙企业制度最广泛的风险投资领域，投资回报期很长，有限合伙人需要经过很长时间才能获得投资回报。如果其他合伙人仅因为有限合伙人丧失民事行为能力就要求其退伙，使其不能获得合伙企业的收益，对该有限合伙人也是不公平的。因此，作为有限合伙人的自然人在有限合伙企业存续期间丧失民事行为能力的，其他合伙人不得因此要求其退伙。

但是，以上规定只限定在其他合伙人单方要求丧失民事行为能力的有限合伙人退伙的情形下。如果在合伙协议中将有限合伙人丧失民事行为能力作为退伙的事由，其他合伙人在有限合伙人丧失民事行为能力时以此为依据要求有限合伙人退伙，法律是允许的。

◆ 第八十条　有限合伙人死亡、被依法宣告死亡或者终止时，有限合伙人资格的继承

作为有限合伙人的自然人死亡、被依法宣告死亡或者作为有限合伙人的法人及其他组织终止时，其继承人或者权利承受人可以依法取得该有限合伙人在有限合伙企业中的资格。

实用问答

如何确定有限合伙人的继承人的财产份额？

答：如果继承人或者权利承受人为一人，则该继承人或者权利承受人在合伙企业中的财产份额就是死亡合伙人死亡或者终止时所享有的财产份额；如果继承人或者权利承受人为数人，则这些继承人或者权利承受人在合伙企业中财产份额之和为合伙人死亡或者终止时所享有的财产份额，而每个继承人或者权利承受人的具体财产份额则要根据其继承或者权利承受时的比例计算。根据《中华人民共和国民法典》等相关规定，在法定继承中，同一顺序继承人继承遗产的份额，一般应当均等；对生活有特殊困难又缺乏劳动能力的继承人，分配遗产时，应当予以照顾；对被继承人尽了主要扶养义务或者与被继承人共同生活的继承人，分配遗产时，可以多分；有扶养能力和有扶养条件的继承人，不尽扶养义务的，分配遗产时，应当不分或者少分；继承人协商同意的，也可以不均等。遗嘱继承的份额，根据被继承人的遗嘱确定。

◆ 第八十一条　有限合伙人退伙后的责任承担

有限合伙人退伙后，对基于其退伙前的原因发生的有限合伙企业债务，以其退伙时从有限合伙企业中取回的财产承担责任。

典型案例

蓝巨投资控股集团有限公司等与周琰申请执行人执行异议之诉上诉案①

裁判要旨： 蓝巨投资控股集团有限公司原为蓝巨置业中心的普通合伙人，认缴出资9200万元，认缴出资期限为2020年8月19日。2015年6月2日，周琰与蓝巨投资公司、蓝巨置业中心签订《代持股协议》。2015年6月8日蓝巨投资控股集团有限公司变更为有限合伙人，认缴出资33000万元，认缴出资期限为2020年8月19日。2015年8月，蓝巨投资控股集团有限公司退伙，蓝巨置业中心的普通合伙人蓝巨投资公司、有限合伙人钜洲资产公司认缴出资期限延长至2030年5月11日。蓝巨投资控股集团有限公司、蓝巨投资公司、蓝巨置业中心认为的周琰与蓝巨置业中心、蓝巨投资公司债权债务形成的时间应为北京仲裁委员会（2019）京仲裁字第2784号裁决书生效时间，并无法律依据，本院不予支持。蓝巨投资公司、蓝巨置业中心对周琰所负债务形成于蓝巨投资控股集团有限公司任蓝巨置业中心合伙人期间。一审法院依据《中华人民共和国合伙企业法》第二条、第八十一条、第八十四条及《最高人民法院关于民事执行中变更、追加当事人若干问题的规定》第十四条规定，认定蓝巨投资控股集团有限公司退伙后，对基于其退伙前的原因发生的有限合伙企业债务，应在其认缴的未出资33000万元范围内承担补充清偿责任符合法律、司法解释的规定，本院予以维持。

---

① 北京市高级人民法院（2022）京民终474号。

◆ 第八十二条　普通合伙人与有限合伙人相互转变程序

除合伙协议另有约定外，普通合伙人转变为有限合伙人，或者有限合伙人转变为普通合伙人，应当经全体合伙人一致同意。

实用问答

有限合伙人和普通合伙人在有限合伙企业中的地位以及权利义务有何区别？

答：普通合伙人享有平等执行合伙事务的权利，可以对外代表有限合伙企业，要对有限合伙企业的债务承担无限连带责任。同时，普通合伙人在竞业方面、与本企业交易方面、转让或者出质财产份额等方面都受到较为严格的限制。

有限合伙人不执行合伙事务，不得对外代表有限合伙企业，对有限合伙企业债务仅以其认缴的出资额为限承担有限责任。法律对有限合伙人行为的限制不像普通合伙人那么严格。

◆ 第八十三条　有限合伙人转变为普通合伙人后责任承担的变化

有限合伙人转变为普通合伙人的，对其作为有限合伙人期间有限合伙企业发生的债务承担无限连带责任。

实用问答

有限合伙人对其转变为普通合伙人前后的有限合伙企业的债务，各承担什么责任？

答：有限合伙人转变为普通合伙人后，作为有限合伙企业的普通合伙人，应对身份转变后的合伙企业债务承担无限连带责任，这是由普通合伙人的性质决定的，也是理所当然的。

对于身份转变前的合伙企业债务，有限合伙人也应承担无限连带责任。这基于以下理由：第一，有限合伙人转变为普通合伙人，实际上相当于新普通合伙人入伙，依照法律规定，新入伙的普通合伙人应该对入伙前的合伙企业债务承担无限连带责任。第二，全体普通合伙人对有限合伙企业债务承担无限连带责任是有限合伙企业法律制度的基本原则。对普通合伙人承担无限连带责任的企业债务范围按时间标准进行区分很难操作，也没有必要。第三，有限合伙人本来就是有限合伙企业的合伙人，对有限合伙企业的经营状况和财务状况是了解的，法律规定其对身份转变前的合伙企业债务承担无限连带责任，并不会增加其风险。

因此，有限合伙人转变为普通合伙人后，实际上就应对合伙企业的所有债务承担无限连带责任。

◆ 第八十四条　普通合伙人转变为有限合伙人后的责任承担

普通合伙人转变为有限合伙人的，对其作为普通合伙人期间合伙企业发生的债务承担无限连带责任。

实用问答

普通合伙人转变为有限合伙人后，对其身份转变后的合伙企业债务承担什么责任？

答：普通合伙人转变为有限合伙人后，就具有了有限合伙人的身份，对转变后的合伙企业债务只以其出资为限承担有限责任，这是理所当然的，也可能是普通合伙人进行身份转变的目的所在。因此，在有限合伙企业存续期间，发生普通合伙人转变为有限合伙人情况的，该合伙人对合伙企业债务的承担根据债务产生阶段的不同是不一样的：对于身份转变前的合伙企业债务承担无限连带责任；对于身份转变后的合伙企业债务仅以其出资额为限承担有限责任。

典型案例

定南县第二中学、鲁一民间借贷纠纷二审民事判决书①

裁判要旨：关于上诉人鲁一、何新华、陈华芳、童吉松、徐孝军的责任问题。经查定南县第二中学的工商注册资料，定南县第二中学成立于2003年12月23日，成立之初为普通合伙企业，合伙人为鲁一、何新华、陈华芳、童吉松、沈朝、徐孝军6人，沈朝为合伙事务执行人。定南县第二中学于2017年4月27日办理了变更登记，由普通合伙企业变更为有限合伙企业，合伙事务执行人由沈朝变更为鲁一。案涉债务发生在普通合伙企业存续期间。二审期间，定南县第二中学及鲁一等上诉人自认，定南县第二中学由普通合伙变更为有限合伙之后，合伙人中只有鲁一仍然是普通合伙人，其他合伙人均由普通合伙人变更为有限合伙人。退一步来讲，按照定南县第二中学及鲁一等上诉人的自认，徐孝军、陈华芳、何新华、童吉松、沈朝5个合伙人均是有限合伙人，但案涉债务发生时，该5人仍然是普通合伙人，根据《中华人民共和国合伙企业法》第八十四条“普通合伙人转变为有限合伙人的，对其作为普通合伙人期间合伙企业发生的债务承担无限连带责任”之规定，该5人也应承担连带责任。

① 江西省赣州市中级人民法院（2020）赣07民终5262号。

第四章 合伙企业解散、清算

◆ 第八十五条 合伙企业的解散情形

合伙企业有下列情形之一的，应当解散：

（一）合伙期限届满，合伙人决定不再经营；

（二）合伙协议约定的解散事由出现；

（三）全体合伙人决定解散；

（四）合伙人已不具备法定人数满三十天；

（五）合伙协议约定的合伙目的已经实现或者无法实现；

（六）依法被吊销营业执照、责令关闭或者被撤销；

（七）法律、行政法规规定的其他原因。

名词解释

合伙企业解散，是指由于法律规定的原因或者当事人约定的原因，而使合伙人之间的合伙协议终止，合伙企业的事业终结，全体合伙人的合伙关系归于消灭。合伙企业从宣布解散到最终消灭是一个过程，在合伙企业清算期间，合伙企业的性质、职能发生一定的变化。此时合伙企业虽已宣布解散，但其独立的民事主体资格至清算结束前依然存在；只是合伙企业的权利能力受到一定的限制，合伙企业的活动范围限于与清算有关的事务，不得从事积极营业活动。

典型案例

杨冠芸与杨建兵、宁夏盛世恒升汽车贸易有限公司等合伙协议纠纷一审民事判决书①

裁判要旨：本案为合伙协议纠纷，诉讼请求基于被告违反合伙协议的事实。虽然崔波在股东微信群中发布的《充电站未来布局及其他业务规划》未形成最终决议，但随后宁夏易充新能源科技有限公司的成立、股东名册、股权比例、法定代表人、注册资本均与《充电站未来布局及其他业务规划》所载明的事项一致，而宁夏易充新能源科技有限公司实缴资本也是源自三原告与被告的合伙出资。宁夏易充新能源科技有限公司仅在鑫青龙新能源充电站经营场所开展经营活动，经营范围也与鑫青龙新能源充电站重合。根据以上事实，可以认定《充电站未来布局及其他业务规划》载明的“充电站重新注册新公司，明确股东权益及公司组织架构”事项真实存在。原、被告将各自合伙出资全部转入宁夏易充新能源科技有限公司股本即表明解散合伙企业，各方成为宁夏易充新能源科技有限公司的股东，受公司章程约束。因此在鑫青龙银古充电站、鑫青龙新能源充电站贺兰分站成立并经营前，三原告与被告之间已不存在合伙关系，当然不存在被告违反合伙协议的事实，故三原告的诉讼请求没有事实依据，本院不予支持。《中华人民共和国公司法》第一百四十八条规定了董事、高级管理人员的忠实义务，而非股东，并有利用职务便利的要求，且违反该义务所得的收入应当归公司所有，而非股东所有。故本院

① 宁夏回族自治区银川市兴庆区人民法院（2020）宁0104民初12442号。

对三原告主张不予采信。

◆ 第八十六条 合伙企业解散时如何确定清算人

合伙企业解散，应当由清算人进行清算。

清算人由全体合伙人担任；经全体合伙人过半数同意，可以自合伙企业解散事由出现后十五日内指定一个或者数个合伙人，或者委托第三人，担任清算人。

自合伙企业解散事由出现之日起十五日内未确定清算人的，合伙人或者其他利害关系人可以申请人民法院指定清算人。

名词解释

清算人，是指在合伙企业解散过程中依法产生的专门负责合伙企业清算事务的执行人。无论清算人的产生方式如何，在合伙企业清算期间，都是合伙企业的代表，主持合伙企业的一切清算事务，并对外代表合伙企业参加民事诉讼、仲裁等活动。需要强调的是，清算人应当作为整体行使职权，而非每个清算人可以单独行使职权。

典型案例

邹凤成、刘昌燚与秦代兵合伙合同纠纷一审民事判决书[①]

裁判要旨：关于后续清算问题。根据《中华人民共和国合伙企业法》第八十六条“合伙企业解散，应当由清算人进行清算。清算

① 云南省施甸县人民法院（2023）云0521民初67号。

人由全体合伙人担任；经全体合伙人过半数同意，可以自合伙企业解散事由出现后十五日内指定一个或者数个合伙人，或者委托第三人，担任清算人。自合伙企业解散事由出现之日起十五日内未确定清算人的，合伙人或者其他利害关系人可以申请人民法院指定清算人”的规定，原、被告三方对清算人确定问题发生争议，结合本案实际，且从利于保护各合伙人合法权益角度出发，在原、被告三方未能协商确定清算人的前提下，由经全体合伙人过半数同意的方式或者申请人民法院指定清算人的方式确定清算人较为妥当，故对二原告提出的由被告秦代兵配合处理后续清算事宜的诉讼请求不予支持。

◆ 第八十七条　合伙企业清算人的职责

清算人在清算期间执行下列事务：

（一）清理合伙企业财产，分别编制资产负债表和财产清单；

（二）处理与清算有关的合伙企业未了结事务；

（三）清缴所欠税款；

（四）清理债权、债务；

（五）处理合伙企业清偿债务后的剩余财产；

（六）代表合伙企业参加诉讼或者仲裁活动。

名词解释

与清算有关的合伙企业未了结事务，主要是指合伙企业宣布解散之前已经订立但尚未履行的合同事宜。清算人可以根据实际情况决定继续履行或者终止履行。终止履行构成违约的，应当承担相应的民事责任，有关违约金、赔偿金应从合伙企业的财产中支付。处理与清算有关的未了结事务，一要有利于尽快了结该事务，二要保护合伙企业债权人的合法利益。

剩余财产，是指合伙企业的财产在支付清算费用、职工的工资、社会保险费用和法定补偿金、缴纳合伙企业所欠税款、清偿合伙企业的债务后所剩余的财产。

◆ 第八十八条 合伙企业债权申报程序

清算人自被确定之日起十日内将合伙企业解散事项通知债权人，并于六十日内在报纸上公告。债权人应当自接到通知书之日起三十日内，未接到通知书的自公告之日起四十五日内，向清算人申报债权。

债权人申报债权，应当说明债权的有关事项，并提供证明材料。清算人应当对债权进行登记。

清算期间，合伙企业存续，但不得开展与清算无关的经营活动。

名词解释

债权的有关事项，是指债权产生的日期、性质、数额和到期日等事项。

债权的证明材料，是指与债权有关的合同、借据和其他债权凭证之类的证明材料。

典型案例

资中县仁禾矿业有限公司、蒋伟等买卖合同纠纷民事二审民事判决书[①]

裁判要旨：买卖合同是出卖人转移标的物的所有权于买受人，买受人支付价款的合同。仁禾矿业有限公司与资中县宏立白石厂签订的《工矿产品购销合同书》，系双方真实意思表示，且不违反法律行政法规的强制性规定，应属合法有效。案涉合同履行期限为2009年3月16日至2019年3月15日。2015年1月12日，资中县宏立白石厂解散并成立清算组，蒋伟、肖友材为清算组成员。蒋伟二审中陈述的资中县宏立白石厂清算时，蒋伟、肖友材认为案涉30万元是预付款，而不是债务的内容，能够证实蒋伟、肖友材在清算时已知晓案涉《工矿产品购销合同书》尚未履行完毕，仁禾矿业有限公司为资中县宏立白石厂债权人，但蒋伟、肖友材并未将合伙企业解散清算事宜通知仁禾矿业有限公司。蒋伟、肖友材认为其电话通知仁禾矿业有限公司法定代表人，但未提供证据予以证明。根据《最高人民法院关于适用〈中华人民共和国民事诉讼法〉的解释》（法释〔2015〕5号）第九十条“当事人对自己提出的诉讼请求所依据的事实或者反驳对方诉讼请求所依据的事实，应当提供证据加以证明，但法律另有规定的除外。在作出判决前，当事人未能提供证据或者证据不足以证明其事实主张的，由负有举证证明责任的当事人承担不利的后果”之规定，应由其承担举证不利的后果。根据《中华人民共和国合伙

① 四川省内江市中级人民法院（2022）川10民终67号。

企业法》第八十八条第一款“清算人自被确定之日起十日内将合伙企业解散事项通知债权人，并于六十日内在报纸上公告。债权人应当自接到通知书之日起三十日内，未接到通知书的自公告之日起四十五日内，向清算人申报债权”之规定，蒋伟、肖友材作为资中县宏立白石厂合伙人及清算组成员，应当履行相应通知和公告义务，但蒋伟、肖友材在明知案涉《工矿产品购销合同书》尚未履行完毕，资中县宏立白石厂对仁禾矿业有限公司负有合同义务的情形下，未按照前述法律规定通知仁禾矿业有限公司，致使仁禾矿业有限公司未及时申报债权而未获清偿。蒋伟、肖友材仅采取了公告的方式，不构成对已知债权人仁禾矿业有限公司的有效通知。仁禾矿业有限公司作为案涉合同相对方，对资中县宏立白石厂已解散并进行清算的事实难以知晓。因案涉合同约定履行期限届满时，资中县宏立白石厂一次性将预付货款30万元退还给仁禾矿业有限公司，故仁禾矿业有限公司在合同约定履行期限届满时应当知道其权利受到损害，本案诉讼时效应从案涉合同履行期限届满次日，即从2019年3月16日计算。根据《中华人民共和国民法总则》第一百八十八条第一款“向人民法院请求保护民事权利的诉讼时效期间为三年。法律另有规定的，依照其规定”之规定，仁禾矿业有限公司于2021年7月21日提起本案诉讼，并未超过诉讼时效。

◆ 第八十九条　合伙企业剩余财产的分配

合伙企业财产在支付清算费用和职工工资、社会保险费用、法定补偿金以及缴纳所欠税款、清偿债务后的剩余财产，依照本法第三十三条第一款的规定进行分配。

名词解释

清算费用，包括合伙企业财产的评估、保管、变卖和分配等所需要的费用，发布合伙企业解散公告所需费用，清算人的报酬，委托注册会计师、律师的费用以及诉讼费用、仲裁费用等。

实用问答

如何分配合伙企业的剩余财产？

答：合伙人在清偿合伙企业债务之后，才能分配合伙企业财产。也就是说，如果合伙企业总资产大于合伙企业所欠的债务，合伙企业的财产在支付清算费用和职工工资、社会保险费用、法定补偿金以及缴纳所欠税款、清偿债务后的剩余财产，应按照《中华人民共和国合伙企业法》第三十三条的规定进行分配，即首先按照合伙协议的约定办理；合伙协议未约定或者约定不明确的，由合伙人协商解决；协商不成的，由合伙人按照实缴的出资比例分配；无法确定出资比例的，由合伙人平均分配。

典型案例

杜爱华、侯贵金等清算责任纠纷民事二审民事判决书[①]

裁判要旨：关于合伙体可分配剩余财产金额的问题。侯贵金主张润金公司注销时的账面净利润为负、账户余额仅有1万余元，且追回货款并非合伙体盈余，应扣除成本，毛利润为5%—10%。对此本院认为，第

① 山东省青岛市中级人民法院（2022）鲁02民终8670号。

一，前已述及，侯贵金认可王积升并不掌握作为合伙载体润金公司的财务状况。润金公司财务报表账面净利润、账户余额在未经合伙体清算，未经王积升、袁杰确认的情况下对王积升、袁杰不具有约束力，本院对此不予采信。第二，侯贵金虽主张货款中还应该扣除相应成本，但经本院向侯贵金释明，其明确表示无法提交成本的证据，应自行承担不利的法律后果；后虽补充提交成本分析表并附部分采购合同、发票、报价单、货物照片等，但无法与其主张的相关成本相互印证，本院对此不予采信。第三，从侯贵金向袁杰发送的三人利润分配确认照片及该两人微信聊天记录来看，合伙体在向三人分配利润时留存有30余万元款项继续用于合伙体后续经营，相关经营成本系以合伙体财产结算，且侯贵金与袁杰在2020年1月21日微信聊天记录中有关于三人各自应分得款项的内容。因合伙人的分红系合伙体经营收入扣减生产成本后的盈余再按照合伙协议约定比例予以分配，故这系在扣除相应经营成本后的数额，而1460号案中润金公司主张的系截至2020年1月31日的货款，1460号调解书中确认的货款于2020年4月、5月实际支付，晚于上述微信聊天记录的时间，侯贵金未举证证明上述调解书所涉业务系于2020年1月21日之后发生，故上述货款系已扣减成本后的货款，侯贵金要求再行扣减或按利润率来进行计算不能成立，本院不予支持，对侯贵金二审提交证据以及袁杰二审提交发票均不予采信。鉴于合伙出资款项均转至侯贵金母亲杜爱华个人账户、合伙体财务由侯贵金妻子王婧婧实际控制，王积升不控制润金公司财务状况，且因案涉易触公司货款支付后，润金公司于2020年11月即由杜爱华注销，王积升以1460号调解书确认易触公司向润金公司支付的货款主张系合伙体剩余财产，要求按出资比例进行分配有事实与法律依据，一审判决结果并无不当，本院依法予以确认。

◆ 第九十条　合伙企业解散后编制清算报告和办理注销登记

清算结束，清算人应当编制清算报告，经全体合伙人签名、盖章后，在十五日内向企业登记机关报送清算报告，申请办理合伙企业注销登记。

名词解释

清算报告，是清算人对清算事务的总结和汇报，清算报告的内容包括清算人对合伙企业资产的认定，对解散事由出现前未了结事务的处理以及债权债务的结算、剩余财产的分配情况，等等。

实用问答

合伙企业申请办理注销登记，应当提交哪些材料？

答：根据《中华人民共和国市场主体登记管理条例实施细则》第四十六条的规定，合伙企业申请办理注销登记，应当提交下列材料：（1）申请书；（2）依法作出解散、注销的决议或者决定，或者被行政机关吊销营业执照、责令关闭、撤销的文件；（3）清算报告、负责清理债权债务的文件或者清理债务完结的证明；（4）税务部门出具的清税证明。

除上述规定外，人民法院指定清算人、破产管理人进行清算的，应当提交人民法院指定证明；合伙企业分支机构申请注销登记，还应当提交全体合伙人签署的注销分支机构决定书。

典型案例

杜爱华、侯贵金等清算责任纠纷民事二审民事判决书[①]

裁判要旨：润金公司系三人合伙载体，法律规定，合伙人就合伙事务作出决定的，除合伙合同另有约定外，应当经全体合伙人一致同意。合伙合同终止后，合伙财产在支付因终止而产生的费用以及清偿合伙债务后有剩余的，依据合伙合同约定的出资比例分配。2016 年 11 月 4 日合伙协议书对于合伙事务由全体合伙人共同执行、合伙的终止和清算以及清算义务人亦作出了约定。则无论合伙合同是因约定的合伙期限届满还是各方合意终止或其他原因终止，均应对合伙财产清算后才注销合伙载体。而侯贵金通过其母亲系三人合伙载体润金公司登记备案股东的便利，在无证据证明通知其他合伙人或征得其他合伙人王积升及袁杰同意、未对合伙财产予以清算的情况下，将合伙载体予以注销，违反了相关法律的规定及合伙协议的约定，应当承担相应的责任。

◆ 第九十一条　企业注销后原普通合伙人的责任

合伙企业注销后，原普通合伙人对合伙企业存续期间的债务仍应承担无限连带责任。

① 山东省青岛市中级人民法院（2022）鲁 02 民终 8670 号。

实用问答

作为保证人的合伙组织被撤销后，在公告通知的清理期限内，债权人未请求保证人承担连带责任的，是否可视为债权人放弃该请求权？

答：根据《最高人民法院关于作为保证人的合伙组织被撤销后在公告通知的清理期限内债权人未请求保证人承担连带责任的是否可视为债权人放弃该请求权的批复》的规定，合伙人应对合伙债务承担无限连带责任。合伙组织解散时，虽曾对其债务进行了清偿活动，但此后各合伙人对合伙债务或合伙期间的民事行为仍应承担责任。辉瑞贸易公司系合伙组织，在撤销时，自行通知与其有业务往来的单位“在一个月内办理一切清结手续，过期概不负责”的公告，应当无效。中国工商银行贵州省兴义县支行在诉讼时效期间内有权要求辉瑞贸易公司承担保证的责任。辉瑞贸易公司解散后，其保证的责任，应由合伙人共同承担。

典型案例

资中县仁禾矿业有限公司、蒋伟等买卖合同纠纷民事二审民事判决书[①]

裁判要旨：关于蒋伟、肖友材的责任。根据《中华人民共和国合伙企业法》第九十一条“合伙企业注销后，原普通合伙人对合伙企业存续期间的债务仍应承担无限连带责任”、《中华人民共和国民法总则》第一百

① 四川省内江市中级人民法院（2022）川10民终67号。

七十八条第一款“二人以上依法承担连带责任的，权利人有权请求部分或者全部连带责任人承担责任”之规定，蒋伟、肖友材应对仁禾矿业有限公司30万元预付货款承担连带清偿责任。关于仁禾矿业有限公司的损失，根据案涉合同履行情况及双方过错程度等相关因素，仁禾矿业有限公司的损失主要是资金占用利息。仁禾矿业有限公司主张资金占用利息自2019年3月25日起计算至起诉之日止，系其对自己权利的处分。故本案资金占用利息应以30万元为基数，自2019年3月25日起按全国银行间同业拆借中心发布的一年期贷款市场报价利率计算至2021年7月21日止。

◆ 第九十二条 合伙企业不能清偿到期债务时债权人权利和合伙企业依法被宣告破产时普通合伙人责任

合伙企业不能清偿到期债务的，债权人可以依法向人民法院提出破产清算申请，也可以要求普通合伙人清偿。

合伙企业依法被宣告破产的，普通合伙人对合伙企业债务仍应承担无限连带责任。

实用问答

1. 合伙企业的破产清算，按什么程序办理？

答：合伙企业不属于《中华人民共和国企业破产法》规定的“企业法人”的范围，所以，合伙企业破产，应当按照该法第一百三十五条的规定，参照适用其关于破产清算程序的规定，不适用其关于重整和和解的规定；而且，此种参照允许对合伙企业破产清算程序作适当简化，因为如果完全按照企业法人破产程序的规定办理，对合伙企业而言将过于繁琐，费用也太高。因此，在债权人依法向法院提出破产申请后，对合伙企业的破产清算程序应参照《中华人民共和国企业破产法》的有关规定办理。

2. 合伙企业不能清偿到期债务的，债权人可以向有限合伙人追偿吗？

答：债权人可以要求普通合伙人清偿。《中华人民共和国合伙企业法》在“普通合伙企业”一章的第三十八条规定，合伙企业对其债务，应先以其全部财产进行清偿。第三十九条规定，合伙企业不能清偿到期债务的，合伙人承担无限连带责任。因此，偿还合伙企业不能清偿的到期债务是合伙人的法定义务，债权人在合伙企业不能清偿其到期债务时有权直接向合伙人追偿。

但是，并非所有合伙人都负有清偿义务。根据《中华人民共和国合伙企业法》第二条和第五十七条的规定，普通合伙企业全体合伙人对合伙企业债务承担无限连带责任；特殊的普通合伙企业合伙人的基本责任形式仍然是无限连带责任，但是对于合伙人在执业活动中因故意或重大过失造成合伙企业债务的，该合伙人承担无限连带责任，其他合伙人以其在合伙企业中的财产份额为限承担责任；有限合伙企业中的普通合伙人对合伙企业债务承担无限连带责任，有限合伙人仅以其出资额为限对合伙企业债务承担责任。因此，合伙企业不能清偿到期债务的，债权人可以依法向普通合伙人追偿，不能向有限合伙人追偿。

第五章 法律责任

◆ 第九十三条 提交虚假文件或采取其他欺骗手段取得企业登记应承担的法律责任

违反本法规定，提交虚假文件或者采取其他欺骗手段，取得合伙企业登记的，由企业登记机关责令改正，处以五千元以上五万元以下的罚款；情节严重的，撤销企业登记，并处以五万元以上二十万元以下的罚款。

名词解释

采取欺骗手段取得合伙企业登记，是指当事人在办理合伙企业登记时，故意隐瞒有关的重要事实，提交虚假文件或者采取其他欺骗手段，骗取企业登记。具有欺骗性质的违法行为，具有以下三个特点：（1）欺骗行为应当出自当事人的故意；（2）当事人实施欺骗行为有明确的骗取合伙企业登记的目的；（3）企业登记机关准予登记，完全是由于其提交虚假材料而“符合”登记条件，如果企业登记机关了解事实真相就不会对该虚假申请进行登记。

实用问答

1. 合伙企业的撤销登记由谁启动？

答：根据《中华人民共和国市场主体登记管理条例实施细则》第五十条、第五十一条的规定，对涉嫌提交虚假材料或者采取其他欺诈手段隐瞒重要事实取得市场主体登记的行为，登记机关可以根据当事人申请或者依职权主动进行调查。

受虚假登记影响的自然人、法人和其他组织，可以向登记机关提出撤销市场主体登记申请。涉嫌冒用自然人身份的虚假登记，被冒用人应当配合登记机关通过线上或者线下途径核验身份信息。

涉嫌虚假登记市场主体的登记机关发生变更的，由现登记机关负责处理撤销登记，原登记机关应当协助进行调查。

2. 登记机关收到撤销登记的申请后，在哪些情形下，登记机关可以不予受理？

答：根据《中华人民共和国市场主体登记管理条例实施细则》第五十二条的规定，登记机关收到申请后，应当在 3 个工作日内作出是否受理的决定，并书面通知申请人。有下列情形之一的，登记机关可以不予受理：（1）涉嫌冒用自然人身份的虚假登记，被冒用人未能通过身份信息核验的；（2）涉嫌虚假登记的市场主体已注销的，申请撤销注销登记的除外；（3）其他依法不予受理的情形。

3. 在什么情形下，登记机关可以中止对市场主体撤销登记的调查？

答：根据《中华人民共和国市场主体登记管理条例实施细则》第五十四条的规定，有下列情形之一的，经当事人或者其他利害关系人申请，登记机关可以中止调查：（1）有证据证明与涉嫌虚假登记相关的民事权利存在争议的；（2）涉嫌虚假登记的市场主体正在诉讼或者仲裁程序中的；（3）登记机关收到有关部门出具的书面意见，证明涉嫌虚假登记的市场主体或者其法定代表人、负责人存在违法案件尚未结案，或者尚未履行相关法定义务的。

4. 在哪些情形下，登记机关可以不予撤销市场主体登记？

答：根据《中华人民共和国市场主体登记管理条例实施细则》

第五十五条的规定，有下列情形之一的，登记机关可以不予撤销市场主体登记：（1）撤销市场主体登记可能对社会公共利益造成重大损害；（2）撤销市场主体登记后无法恢复到登记前的状态；（3）法律、行政法规规定的其他情形。

◆ 第九十四条　合伙企业未在其名称中标明组织形式应承担的法律责任

违反本法规定，合伙企业未在其名称中标明“普通合伙”、“特殊普通合伙”或者“有限合伙”字样的，由企业登记机关责令限期改正，处以二千元以上一万元以下的罚款。

◆ 第九十五条　合伙企业或者合伙企业的分支机构无照经营、合伙企业未依法办理变更登记应承担的法律责任

违反本法规定，未领取营业执照，而以合伙企业或者合伙企业分支机构名义从事合伙业务的，由企业登记机关责令停止，处以五千元以上五万元以下的罚款。

合伙企业登记事项发生变更时，未依照本法规定办理变更登记的，由企业登记机关责令限期登记；逾期不登记的，处以二千元以上二万元以下的罚款。

合伙企业登记事项发生变更，执行合伙事务的合伙人未按期申请办理变更登记的，应当赔偿由此给合伙企业、其他合伙人或者善意第三人造成的损失。

实用问答

执行事务合伙人违背其他合伙人的信任，怠于履行职务，不按期申请办理登记，给合伙企业、其他合伙人或者善意第三人造成损失的，如何承担责任？

答：按照合伙协议约定或者全体合伙人决定执行合伙事务的合伙人，基于其他合伙人的信任，被授予了广泛的经营管理合伙事务和合伙企业财产的权利，就应当在遵守法律和合伙协议的基础上，为合伙企业的利益最大化服务。执行事务合伙人违背其他合伙人的信任，怠于履行职务，不按期申请办理登记，给合伙企业、其他合伙人或者善意第三人造成损失的，就应当承担相应的赔偿责任。比如，A、B、C 共同创办一合伙企业，约定 A 为合伙事务执行人，合伙企业登记事项发生变更，A 未按期申请办理变更登记，致使合伙企业被工商行政管理部门罚款的，A 应当承担赔偿责任；有限合伙人 C 办理削减财产份额的结算时，A 未办理变更登记，合伙企业因此后的经营行为负巨额债务，债权人 D 要求 C 在登记的财产份额范围内清偿债务，C 清偿后，不但有权向 A、B 追偿多付的债款，而且有权向 A 追偿多付的债款所产生的利息。

◆ 第九十六条　执行合伙事务的合伙人以及合伙企业从业人员将应当归合伙企业的利益据为己有或者采取其他手段侵占合伙企业财产应承担的法律责任

合伙人执行合伙事务，或者合伙企业从业人员利用职务上的便利，将应当归合伙企业的利益据为己有的，或者采取其他手段侵占合伙企业财产的，应当将该利益和财产退还合伙企业；给合伙企业或者其他合伙人造成损失的，依法承担赔偿责任。

典型案例

高卫军与丁小红、李宏江、陈志东、鄢利明合伙合同纠纷二审民事判决书[①]

裁判要旨：关于高卫军应否返还丁小红案涉投资款15万元的问题。《公司股份合作协议书》是个人合伙协议，丁小红依据该协议向高卫军支付了案涉15万元合伙投资款，但依该协议开办的“湖南速莱康健康科技有限公司”并未实际运营。于是，双方当事人又签订了《衡阳康汇联城科技有限公司协议书》，该协议亦为个人合伙协议，并同意将丁小红支付的15万元合作款继续用于该公司经营。丁小红向一审法院提起的诉讼请求为：要求高卫军退还其合作款15万元及承担利息2万元。该诉讼请求就包含要求退伙的意思表示，而非解除合同，一审判决解除案涉二份协议书不当，本院予以纠正。《最高人民法院关于贯彻执行〈中华人民共和国民法通则〉若干问题的意见（试行）》第五十二条规定：合伙人退伙，书面协议有约定的，按书面协议处理。本案中，《公司股份合作协议书》与《衡阳康汇联城科技有限公司协议书》约定，公司正常经营不允许退伙。根据该约定的内容，在公司不能正常经营的情况下，合伙人可要求退伙。双方当事人均认可“湖南速莱康健康科技有限公司”并未实际经营的事实，高卫军虽主张衡阳康汇联城科技有限公司处于营业状态，但其提交的证据不足以证明该公司处于正常经营状态，其应承担举证不能的法律后果。因二公司均未处于正常经营状态，丁小红要求退伙，有事实

---

① 湖南省衡阳市中级人民法院（2021）湘04民终1019号。

与法律依据，应予准许。高卫军个人收取了案涉15万元投资款，且在合伙开办的公司成立后，公司有账户，但其并未将该投资款转入公司的账户。高卫军提交的证据亦不足以证明该15万元已用于合伙开支的事实，故一审判决高卫军向丁小红返还案涉15万元投资款，符合法律规定，本院予以支持。

◆ 第九十七条　合伙人擅自处理合伙事务，给合伙企业或者其他合伙人造成损失应承担的法律责任

合伙人对本法规定或者合伙协议约定必须经全体合伙人一致同意始得执行的事务擅自处理，给合伙企业或者其他合伙人造成损失的，依法承担赔偿责任。

实用问答

哪些事项是必须经全体合伙人一致同意的？

答：《中华人民共和国合伙企业法》第三十一条规定了必须经全体合伙人一致同意的事项，包括改变合伙企业名称，改变合伙企业的经营范围、主要经营场所的地点，处分合伙企业的不动产，转让或者处分合伙企业的知识产权和其他财产权利，以合伙企业名义为他人提供担保，聘任合伙人以外的人担任合伙企业的经营管理人员。这些事项都是涉及合伙企业生产经营乃至生存发展的重大事项。同时，合伙人为了追求共同利益而设立合伙企业，法律应当允许其将其认为重要的事项设立为须经全体合伙人一致同意的事项。

◆ 第九十八条　不具有事务执行权的合伙人擅自执行合伙事务，给合伙企业或者其他合伙人造成损失应承担的法律责任

不具有事务执行权的合伙人擅自执行合伙事务，给合伙企业或者其他合伙人造成损失的，依法承担赔偿责任。

◆ 第九十九条　合伙人违反《中华人民共和国合伙企业法》规定或者合伙协议的约定，从事与本合伙企业相竞争的业务或者与本合伙企业进行交易应承担的法律责任

合伙人违反本法规定或者合伙协议的约定，从事与本合伙企业相竞争的业务或者与本合伙企业进行交易的，该收益归合伙企业所有；给合伙企业或者其他合伙人造成损失的，依法承担赔偿责任。

◆ 第一百条　清算人未依法向企业登记机关提交清算报告应承担的法律责任

清算人未依照本法规定向企业登记机关报送清算报告，或者报送清算报告隐瞒重要事实，或者有重大遗漏的，由企业登记机关责令改正。由此产生的费用和损失，由清算人承担和赔偿。

◆ 第一百零一条　清算人牟取非法收入或侵占合伙企业财产的赔偿责任

清算人执行清算事务，牟取非法收入或者侵占合伙企业财产的，应当将该收入和侵占的财产退还合伙企业；给合伙企业或者其他合伙人造成损失的，依法承担赔偿责任。

名词解释

清算人牟取非法收入，即清算人利用本人职务范围内主管、负责或者承办某些事务的权利所造成的便利条件，谋取不合法的财产或收入。比如，负责变卖剩余财产的清算人利用职权，暗中和第三人串谋，低价出售该财产并暗中收取回扣的行为。

清算人侵占合伙企业财产，即清算人利用职务上的便利，侵吞、窃取、骗取或者以其他手段非法占有合伙企业的财产。比如，负责清点合伙企业剩余财产的清算人利用职务便利，少报合伙企业剩余财产，并将该部分财产据为己有的行为。

◆ 第一百零二条　清算人损害债权人利益的赔偿责任

清算人违反本法规定，隐匿、转移合伙企业财产，对资产负债表或者财产清单作虚假记载，或者在未清偿债务前分配财产，损害债权人利益的，依法承担赔偿责任。

◆ 第一百零三条　合伙人的违约责任及合伙人履行合伙协议发生争议的解决方式

合伙人违反合伙协议的，应当依法承担违约责任。

合伙人履行合伙协议发生争议的，合伙人可以通过协商或者调解解决。不愿通过协商、调解解决或者协商、调解不成的，可以按照合伙协议约定的仲裁条款或者事后达成的书面仲裁协议，向仲裁机构申请仲裁。合伙协议中未订立仲裁条款，事后又没有达成书面仲裁协议的，可以向人民法院起诉。

◆ 第一百零四条　行政管理人员的行政责任

有关行政管理机关的工作人员违反本法规定，滥用职权、徇私舞弊、收受贿赂、侵害合伙企业合法权益的，依法给予行政处分。

◆ 第一百零五条　刑事责任

违反本法规定，构成犯罪的，依法追究刑事责任。

实用问答

1. 涉及合伙企业及其相关人员的刑事违法行为主要包括哪些？

答：（1）清算人进行清算时，隐匿财产，对资产负债表或者财产清单作虚伪记载或者在未清偿债务前分配合伙企业财产，严重损害债权人或者其他人利益的。

（2）合伙企业隐匿或者故意销毁依法应当保存的会计凭证、会计账簿、财务会计报告，情节严重的。

（3）合伙企业通过隐匿财产、承担虚构的债务或者以其他方法转移、处分财产，实施虚假破产，严重损害债权人或者其他人利益的。

（4）合伙企业的工作人员利用职务上的便利，索取他人财物或者非法收受他人财物，为他人谋取利益，数额较大、巨大或者有其他严重情节的；合伙企业的工作人员在经济往来中，利用职务上的便利，违反国家规定，收受各种名义的回扣、手续费，归个人所有，数额较大、巨大或者有其他严重情节的。

（5）合伙企业的工作人员利用职务上的便利，将本单位财物非法占为己有，数额较大或者巨大的。

（6）合伙企业的工作人员利用职务上的便利，挪用本单位资金归个人使用或者借贷给他人，数额较大、超过3个月未还的，或者虽未超过3个月，但数额较大、进行营利活动的，或者进行非法活动的。

2. 涉及有关行政管理机关工作人员的刑事违法行为主要包括哪些?

答：（1）行政管理机关工作人员利用职务上的便利，索取合伙企业财物的，或者非法收受合伙企业财物，为合伙企业谋取利益，数额较大、数额巨大或有其他严重情节、数额特别巨大或有其他特别严重情节的；行政管理机关工作人员在经济往来中，利用职务上的便利，违反国家规定，收受各种名义的回扣、手续费，归个人所有，数额较大、数额巨大或有其他严重情节、数额特别巨大或有其他特别严重情节的。

（2）行政管理机关工作人员滥用职权、玩忽职守或者徇私舞弊，致使合伙企业的利益遭受重大损失或者情节特别严重的。

（3）行政管理机关工作人员徇私舞弊，对依法应当移交司法机关追究刑事责任的合伙企业及其相关人员不移交，情节严重或者造成严重后果的。

（4）行政管理机关工作人员徇私舞弊，不征或者少征应征税款，致使国家税收遭受重大或者特别重大损失的。

（5）对生产、销售伪劣商品犯罪行为负有追究责任的行政管理机关工作人员，徇私舞弊，不履行法律规定的追究职责，情节严重的。

◆ 第一百零六条 民事赔偿优先原则

违反本法规定，应当承担民事赔偿责任和缴纳罚款、罚金，其财产不足以同时支付的，先承担民事赔偿责任。

名词解释

民事赔偿责任，是指违反《中华人民共和国合伙企业法》的规定或者违反合伙协议约定，对其他主体所应承担的赔偿损失的民事责任。

罚款，是指行为人违反法律、行政法规规定，由具有行政处罚权的行政机关对违法行为人作出的剥夺其一定数额金钱的行政处罚。

罚金，是指行为人违反国家刑事法律，构成犯罪，由人民法院强制犯罪分子向国家缴纳一定数额金钱，对罪犯进行经济制裁的一种刑事处罚。

第六章　附　　则

◆ 第一百零七条　非企业专业服务机构适用本法

非企业专业服务机构依据有关法律采取合伙制的，其合伙人承担责任的形式可以适用本法关于特殊的普通合伙企业合伙人承担责任的规定。

名词解释

专业服务机构，是指以专业知识和专门技能为市场主体提供各种类型的有偿服务，并承担相应法律责任的专业服务机构。其范围涉及经济、法律、文化、教育、体育、卫生等多个领域。包括会计师（审计师）事务所、财务咨询公司、税务师事务所、律师事务所，各种资产评估、价格鉴证、工程造价审计（审核、咨询）等经济类鉴证社会中介机构以及医疗、教育、科技专业服务机构等数十类。这些专业服务机构有的采取企业化运作模式，在工商部门登记，按照企业进行管理；有的则根据其业务内容担负着一定的社会职能，不在工商管理部门登记，不按企业对待。

实用问答

非企业专业服务机构采取合伙制的，如何适用《中华人民共和国合伙企业法》?

答：根据实践的需要，《中华人民共和国合伙企业法》第一百零七条规定，依据有关专门的法律规定，非企业专业服务机构采用合伙制的，其合伙人承担责任的形式可以适用《中华人民共和国合伙企业法》第二章第六节的有关规定。第一，非企业专业服务机构采用特殊普通合伙形式应以相应的专门法律规定其可以采取合伙制为前提，有关的法律规定其不采用合伙制的，不适用《中华人民共和国合伙企业法》的规定。第二，合伙人承担责任的原则是：1 个或者数个合伙人在执业活动中因故意或者重大过失造成合伙企业债务的，应当承担无限责任或者无限连带责任，其他合伙人以其在合伙企业中的财产份额为限承担责任；合伙人在执业活动中非因故意或者重大过失造成的合伙企业债务以及合伙企业的其他债务，由全体合伙人承担无限连带责任。第三，这类服务机构应当建立执业风险基金、办理职业保险，并单独立户管理，用于偿付由执业行为形成的债务。第四，这类服务机构名称中应当标明“特殊普通合伙”字样。

◆ 第一百零八条 外国企业或个人在中国设立合伙企业的管理办法

外国企业或者个人在中国境内设立合伙企业的管理办法由国务院规定。

◆ 第一百零九条 施行日期

本法自 2007 年 6 月 1 日起施行。

附录

相关法律法规索引

中华人民共和国民法典（节录）（2020.5.28）

中华人民共和国企业破产法（2006.8.27）

中华人民共和国中小企业促进法（2017.9.1修订）

中华人民共和国市场主体登记管理条例（2021.7.27）

中华人民共和国市场主体登记管理条例实施细则（2022.3.1）

企业名称登记管理规定（2020.12.14修订）

企业经营异常名录管理暂行办法（2014.8.19）

有限合伙企业国有权益登记暂行规定（2020.1.3）

最高人民法院关于适用《中华人民共和国企业破产法》若干问题的规定（一）（2011.9.9）

最高人民法院关于适用《中华人民共和国企业破产法》若干问题的规定（二）（2020.12.23修正）

最高人民法院关于适用《中华人民共和国企业破产法》若干问题的规定（三）（2020.12.23修正）